Hugo Wolf, Rosa Obermayer Mayreder, Pedro Antonio de Alarcón

**Der Corregidor**

Oper in vier Akten

Hugo Wolf, Rosa Obermayer Mayreder, Pedro Antonio de Alarcón

**Der Corregidor**
*Oper in vier Akten*

ISBN/EAN: 9783743699397

Hergestellt in Europa, USA, Kanada, Australien, Japan

Cover: Foto ©Thomas Meinert / pixelio.de

Weitere Bücher finden Sie auf **www.hansebooks.com**

## Personen.

| | |
|---|---|
| Don Eugenio de Zuniga, Corregidor | *Tenor Buffo.* |
| Juan Lopez, Alkalde | *tiefer Bass.* |
| Pedro, dessen Secretär | *Tenor.* |
| Tonuelo, Gerichtsbote | *Bass.* |
| Repela, Diener des Corregidors | *Bass Buffo.* |
| Tio Lukas, Müller | *Bariton.* |
| Ein Nachbar | *Tenor.* |
| Donna Mercedes, Corregidora | *Sopran.* |
| Frasquita, Gattin des Müllers | *Mezzo Sopran.* |
| Duenna, im Dienste der Corregidora | *Alt.* |
| Manuela, Magd bei Juan Lopez | *Mezzo Sopran.* |

Bischof und geistliches Gefolge.
Gesinde des Corregidors und Alkalden, Alguacils, Musikanten.

**Schauplatz:** Gegend in Andalusien.
**Zeit:** 1804.

# DER CORREGIDOR.

## Vorspiel.

HUGO WOLF.

# Erster Aufzug.

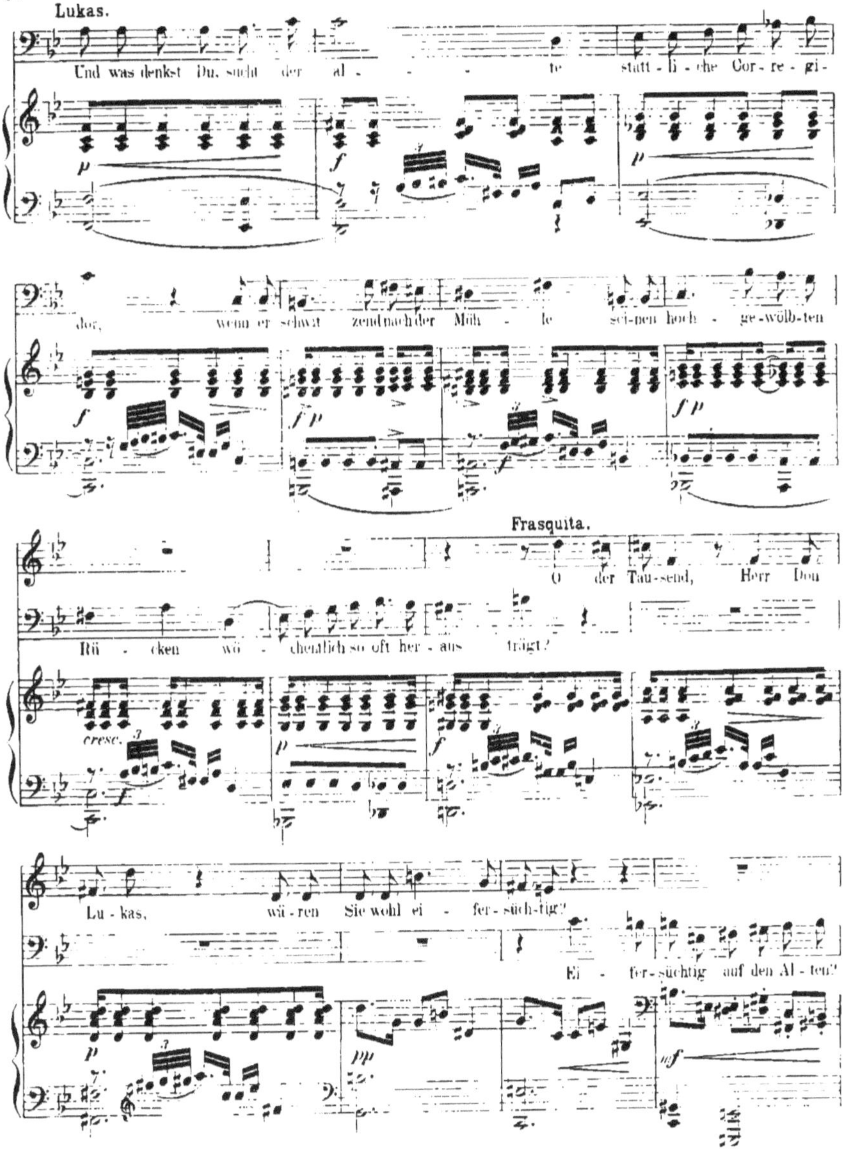

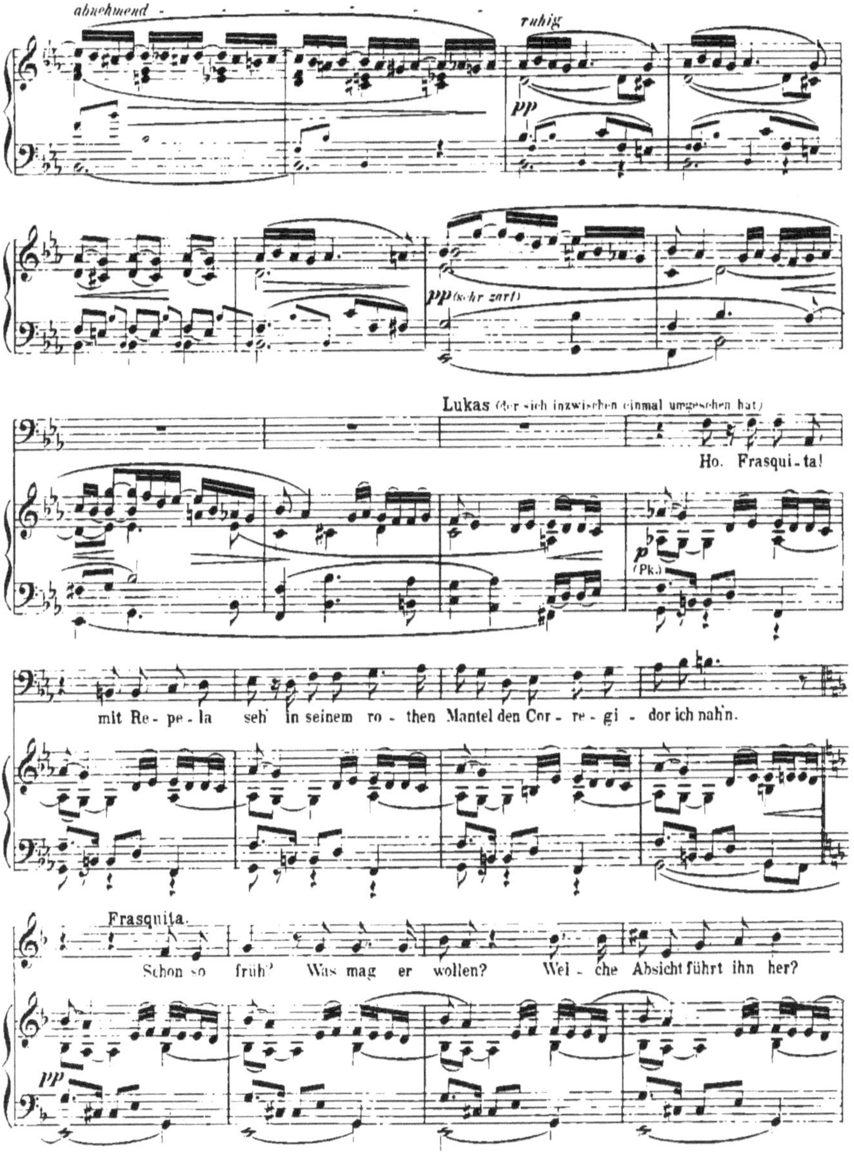
abnehmend
ruhig
pp
pp (sehr zart)
Lukas (der sich inzwischen einmal umgesehen hat)
Ho. Frasqui-ta!
p
(Pk.)
mit Re-pe-la seh' in seinem ro-then Mantel den Cor-re-gi-dor ich nah'n.
Frasquita.
Schon so früh? Was mag er wollen? Wel - che Absicht führt ihn her?
pp

## 4. Scene.

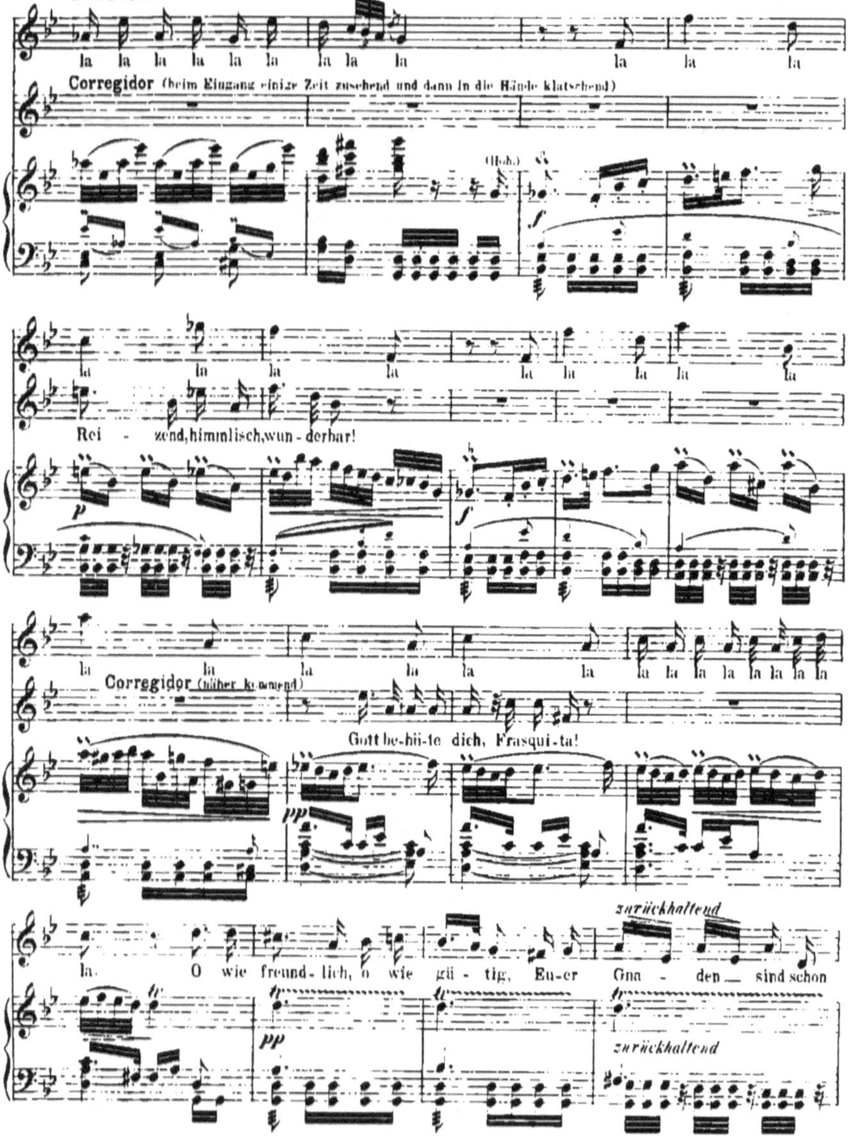
la la la la la la la la la la la la
Corregidor (beim Eingang einige Zeit zusehend und dann in die Hände klatschend)
(Hob.)
la la la la la la la la
Rei - zend, himmlisch, wun - derbar!
la la la la la la la la la la la la la la la
Corregidor (näher kommend)
Gott be-hü-te dich, Frasqui-ta!
la. O wie freund-lich, o wie gü-tig, Eu-er Gna - den sind schon
zurückhaltend
zurückhaltend

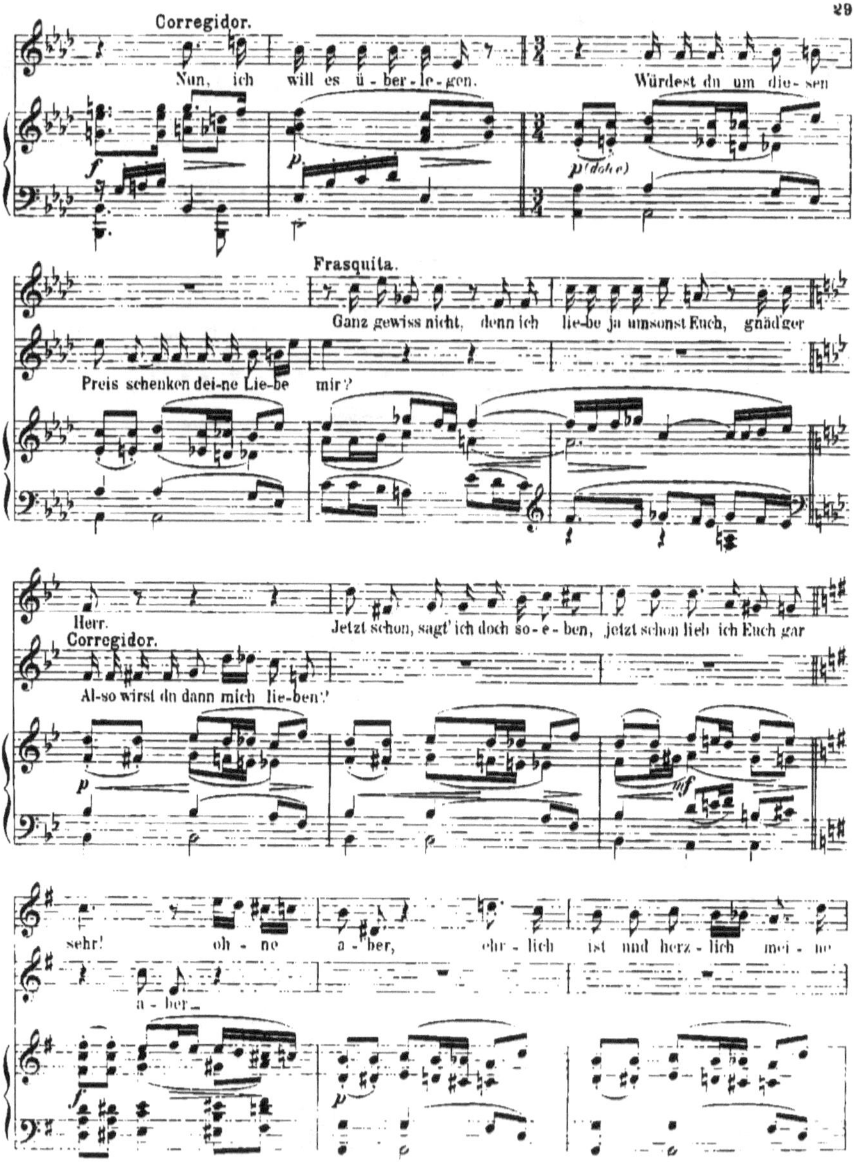
Corregidor.
Nun, ich will es ü-ber-le-gen. Würdest du um die-sen
Frasquita.
Preis schenken dei-ne Lie-be mir?
Ganz gewiss nicht, denn ich lie-be ja umsonst Euch, gnäd'ger
Herr.
Corregidor.
Al-so wirst du dann mich lie-ben?
Jetzt schon, sagt' ich doch so-e-ben, jetzt schon lieb ich Euch gar
sehr! oh-ne a-ber, ehr-lich ist und herz-lich mei-ne
a-ber_

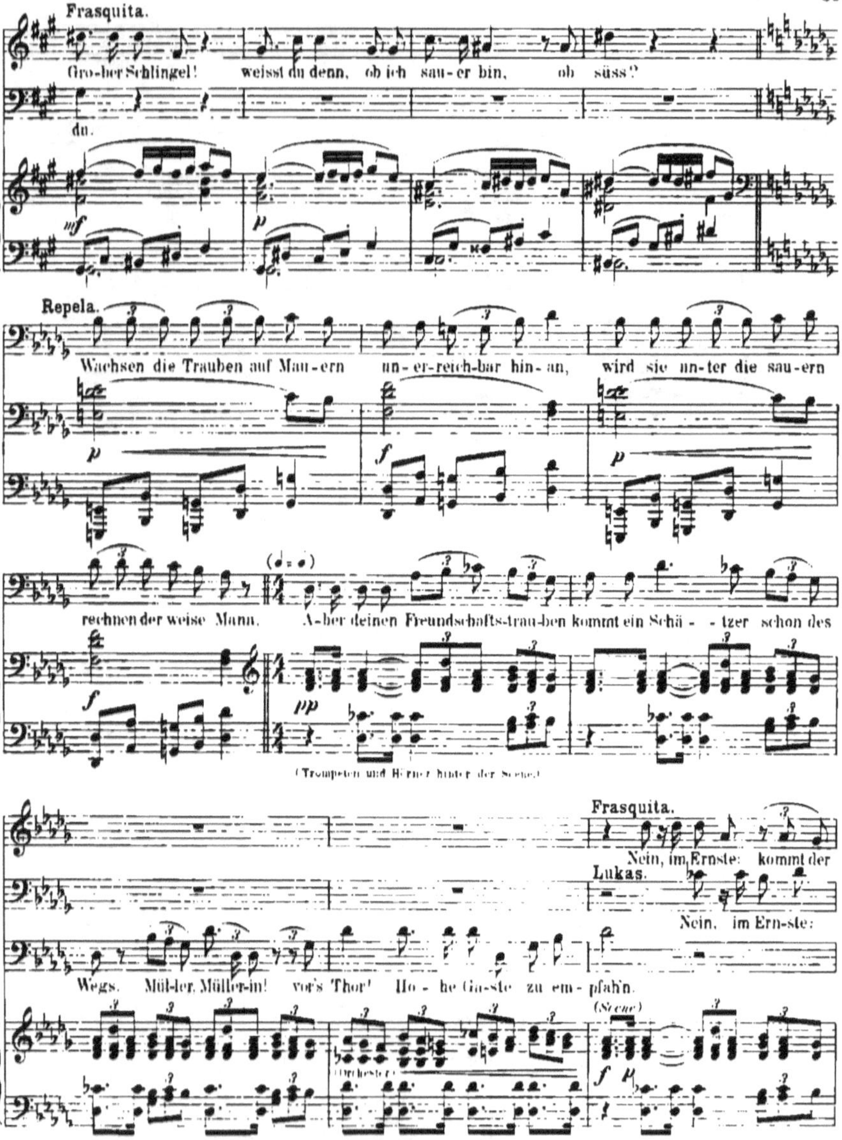
Frasquita.
Gro-ber Schlingel! weisst du denn, ob ich sau-er bin, ob süss?
du.
mf
p
Repela.
Wachsen die Trauben auf Mau-ern un-er-reich-bar hin-an, wird sie un-ter die sau-ern
p
f
p
rechnen der weise Mann. A-ber deinen Freundschafts-trau-ben kommt ein Schä - - tzer schon des
f
pp
(Trompeten und Hörner hinter der Scene.)
Frasquita.
Nein, im Ernste: kommt der
Lukas.
Nein, im Ern-ste:
Wegs. Mül-ler, Mül-ler-in! vor's Thor! Ho - he Gä-ste zu em - pfah'n.
(Scene)
(Orchester)
f

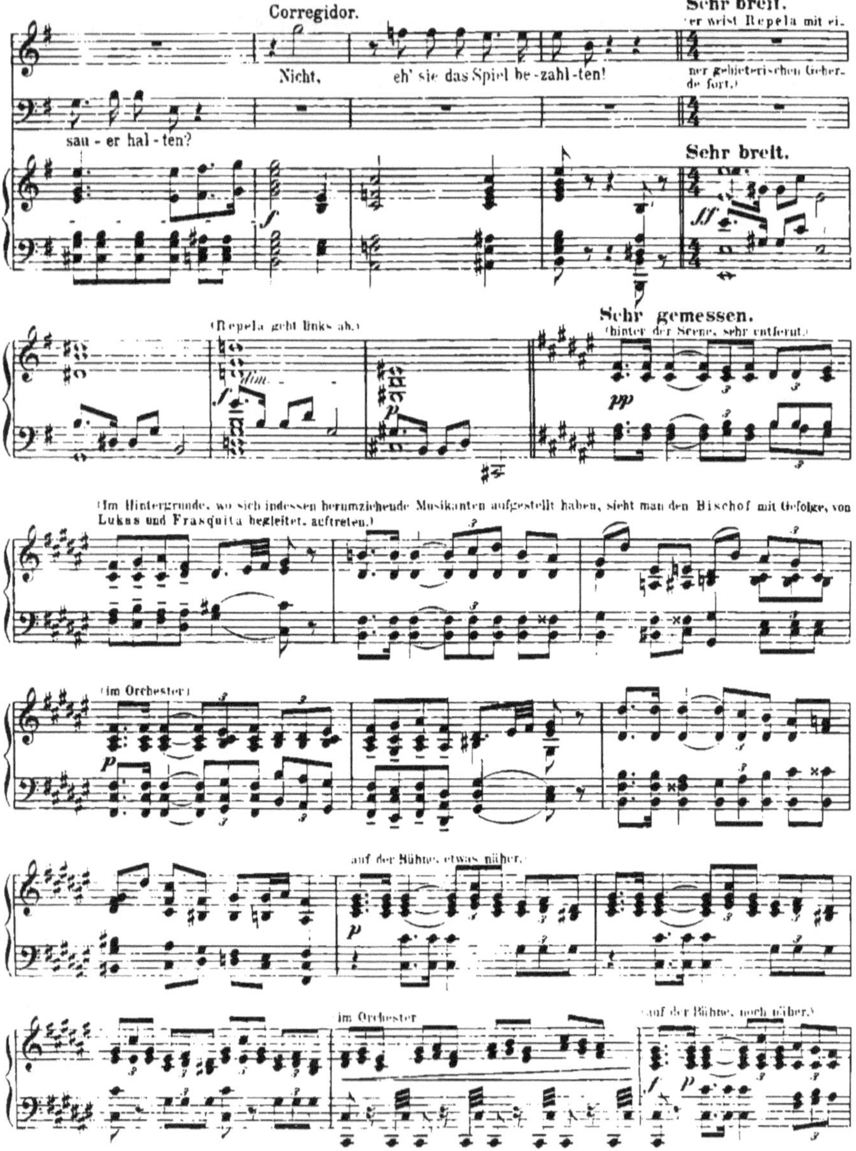
Corregidor.
Nicht, eh' sie das Spiel be-zahl-ten!
sau-er hal-ten?
Sehr breit.
(er weist Repela mit einer gebieterischen Geberde fort.)
Sehr breit.
ff
f
(Repela geht links ab.)
dim.
p
Sehr gemessen.
(hinter der Scene, sehr entfernt.)
pp
(Im Hintergrunde, wo sich indessen herumziehende Musikanten aufgestellt haben, sieht man den Bischof mit Gefolge, von Lukas und Frasquita begleitet, auftreten.)
(im Orchester)
p
(auf der Bühne, etwas näher.)
p
(im Orchester)
(auf der Bühne, noch näher.)
f
p

Ende des ersten Aufzuges.

## Zweiter Aufzug.

**1. Scene.** Frasquita und Lukas beim Abendbrod.

(Küche in der Mühle. Im Hintergrunde befindet sich die Eingangsthür des Hauses; seitlich einige Stufen höher, die Thür des Schlafzimmers. Im Kamin glimmen noch die Kohlen.)

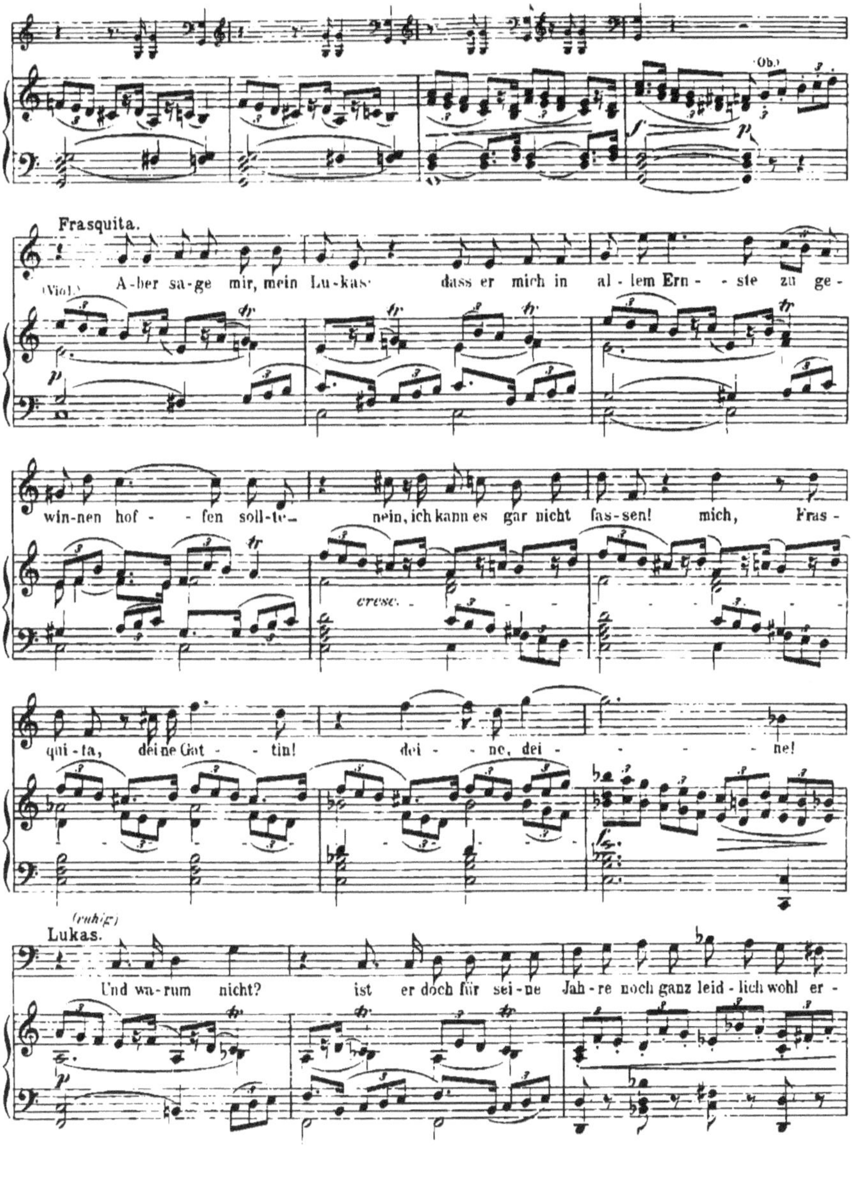

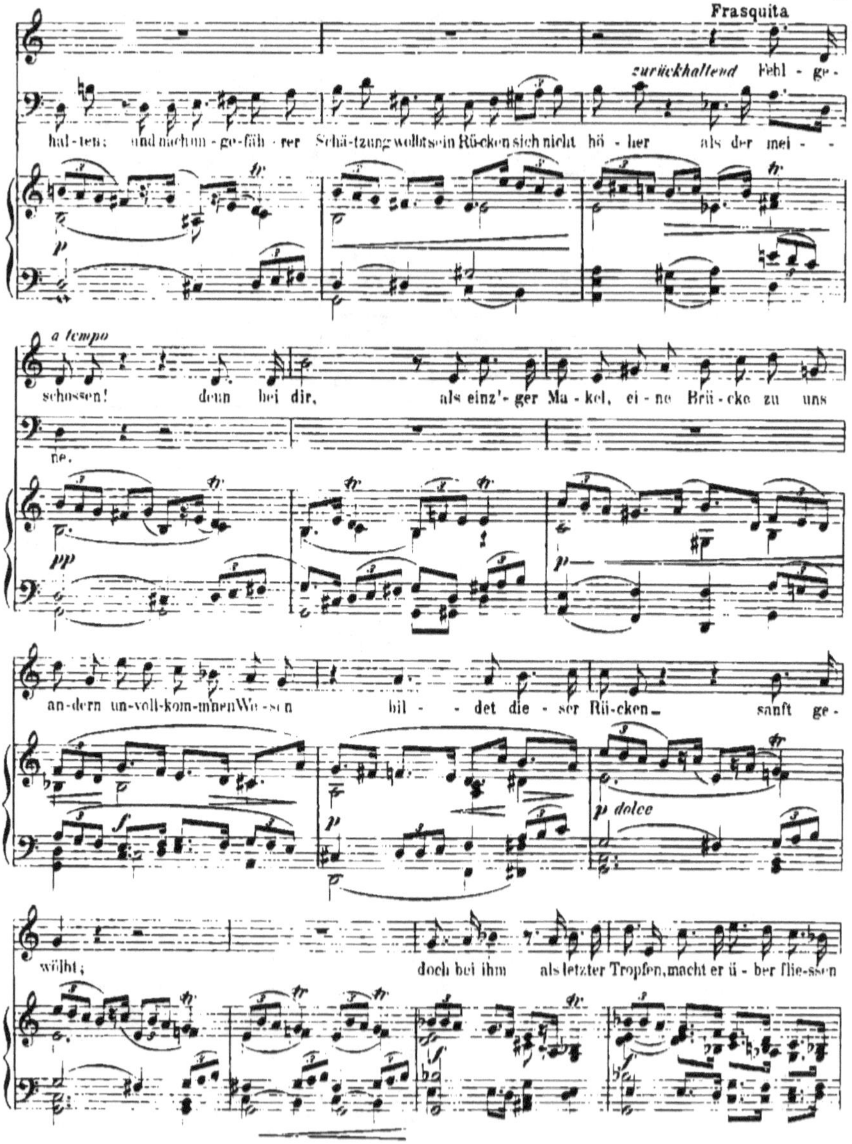
Frasquita
zurückhaltend
Fehl - ge -
hal-ten; und nach un - ge-fäh - rer Schä-tzung wölbt sein Rücken sich nicht hö - her als der mei -
p
a tempo
schossen! denn bei dir, als einz'- ger Ma - kel, ei - ne Brü - cke zu uns
ne.
pp
p
an-dern un-voll-kom-mnen We - sen bil - - det die - ser Rü-cken sanft ge -
p
p dolce
wölbt; doch bei ihm als letzter Tropfen, macht er ü - ber flie-ssen

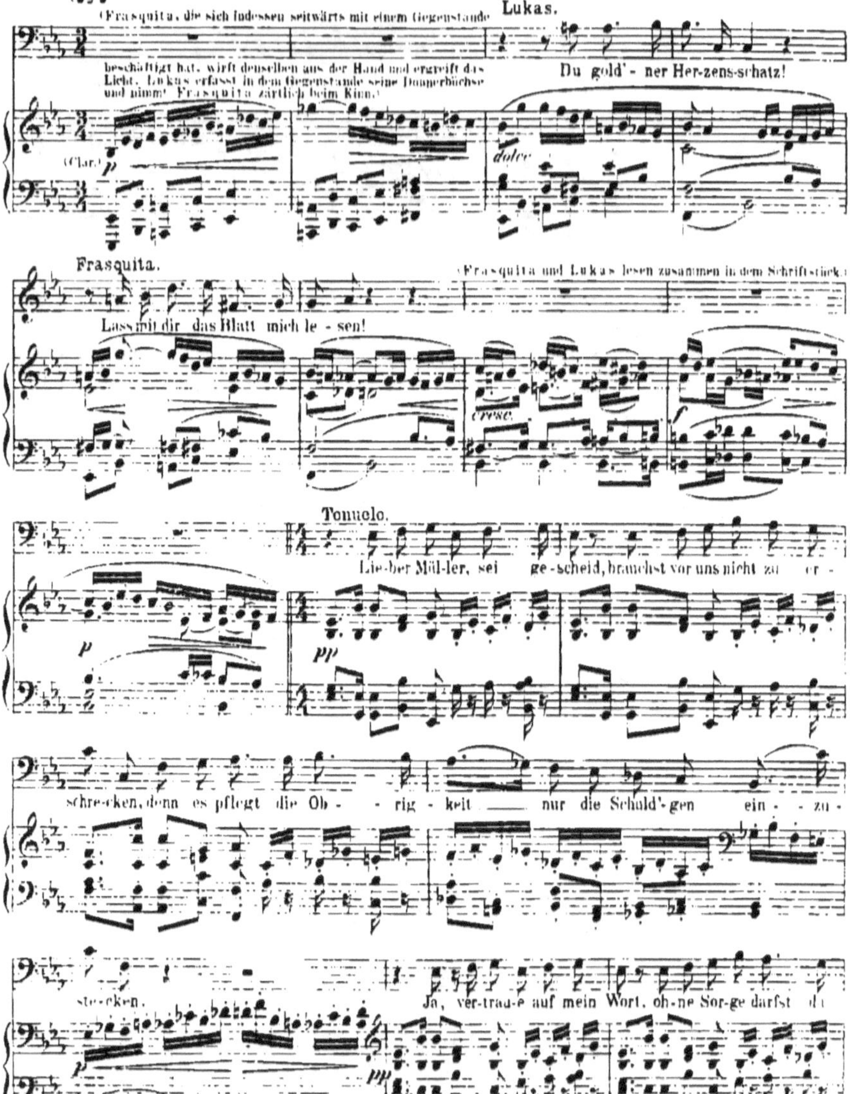
(Frasquita, die sich indessen seitwärts mit einem Gegenstande beschäftigt hat, wirft denselben aus der Hand und ergreift das Licht. Lukas erfasst in dem Gegenstande seine Donnerbüchse und nimmt Frasquita zärtlich beim Kinn.)
Lukas.
Du gold' - ner Her-zens-schatz!
(Clar.)
p
dolce
Frasquita.
Lass mit dir das Blatt mich le - sen!
(Frasquita und Lukas lesen zusammen in dem Schriftstück.)
cresc.
f
Tonuelo.
Lie-ber Mül-ler, sei ge-scheid, brauchst vor uns nicht zu er-schre-cken, denn es pflegt die Ob - rig - keit nur die Schuld'-gen ein - zu-ste-cken.
p
pp
Ja, ver-trau-e auf mein Wort, oh-ne Sor-ge darfst du

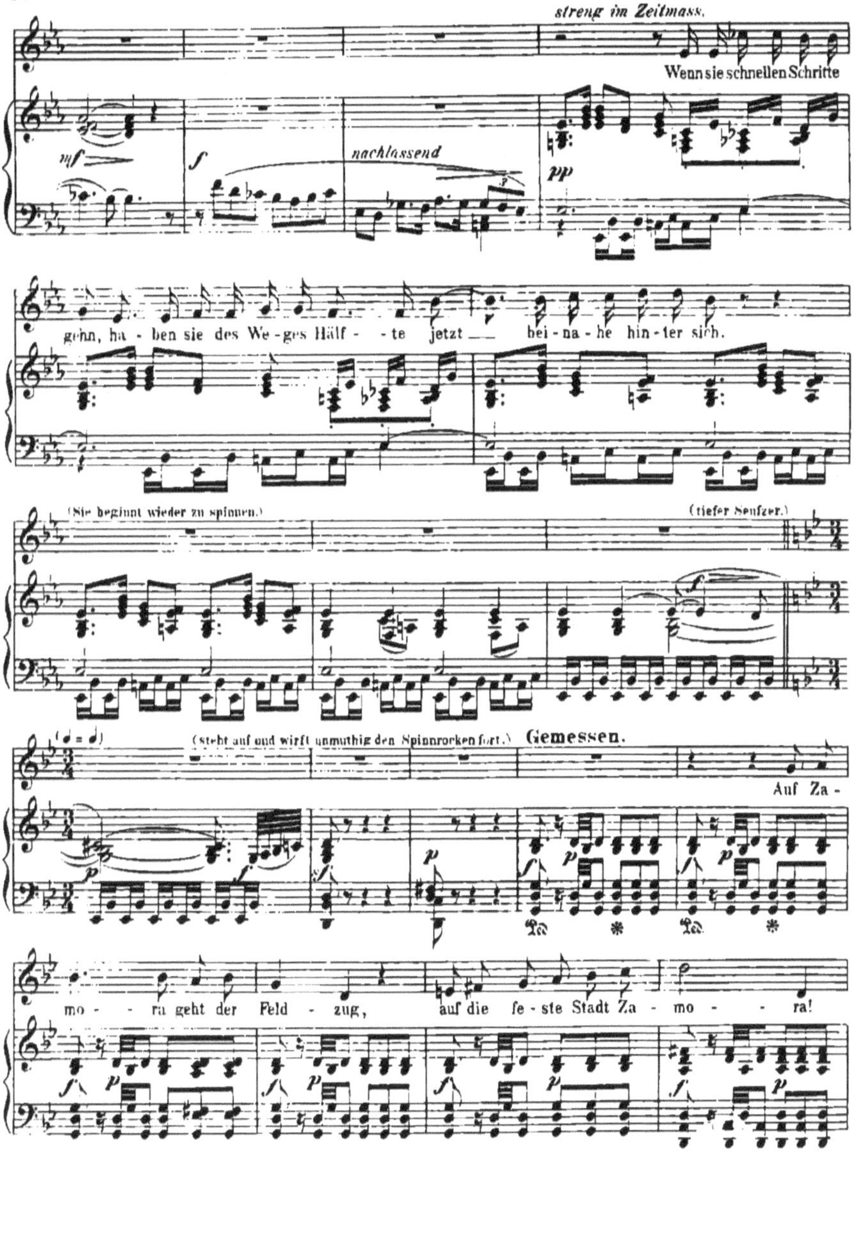
streng im Zeitmass.
Wenn sie schnellen Schritte
gehn, ha - ben sie des We - ges Hälf - - te jetzt __ bei - na - he hin - ter sich.
mf
f
nachlassend
pp
(Sie beginnt wieder zu spinnen.)
(tiefer Seufzer.)
(stebt auf und wirft unmuthig den Spinnrocken fort.)
Gemessen.
Auf Za -
mo - - ra geht der Feld - zug, auf die fe - ste Stadt Za - mo - - ra!
p
f

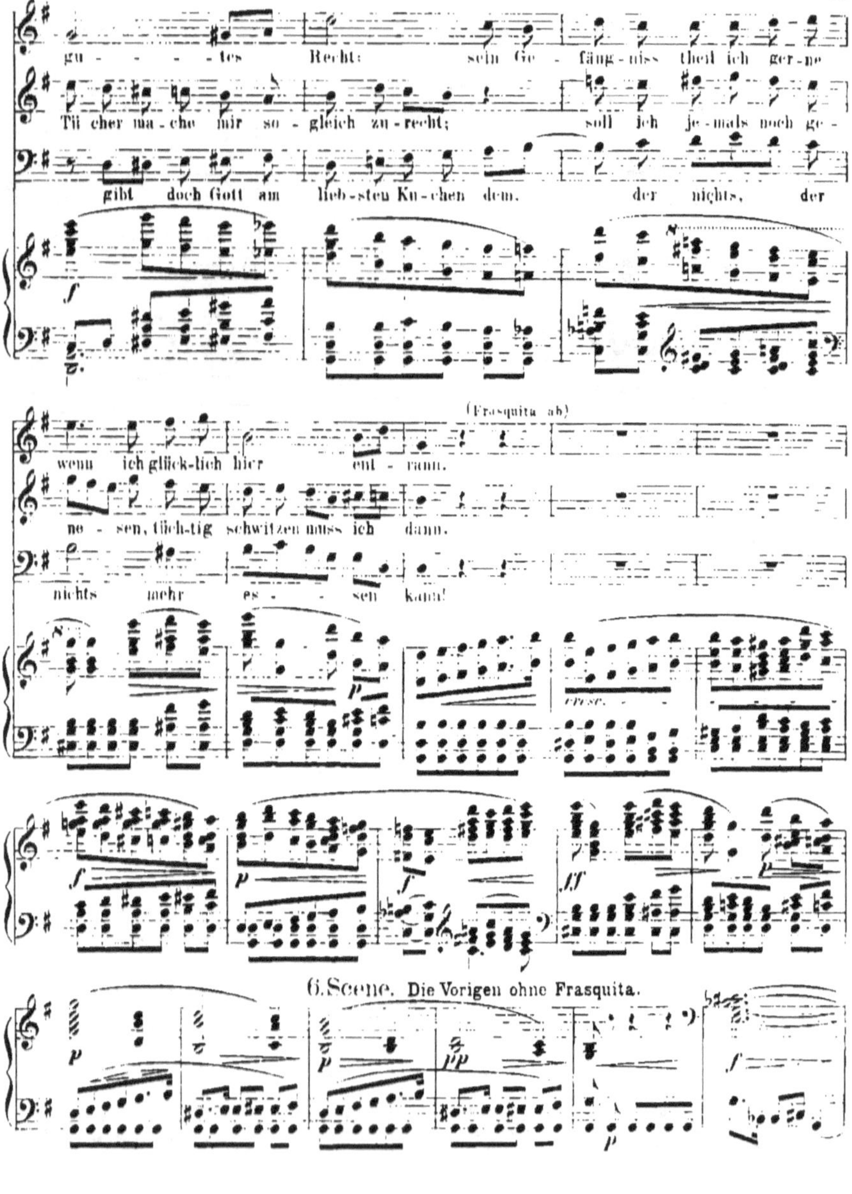
gu - - - - tes Recht: sein Ge - fäng-niss theil ich ger-ne
Tü-cher ma-che mir so-gleich zu-recht; soll ich je-mals noch ge-
gibt doch Gott am lieb-sten Ku-chen dem, der nichts, der
(Frasquita ab)
wenn ich glück-lich hier ent - rann.
ne - sen, tüch-tig schwitzen muss ich dann.
nichts mehr es - - sen kann!
6. Scene. Die Vorigen ohne Frasquita.

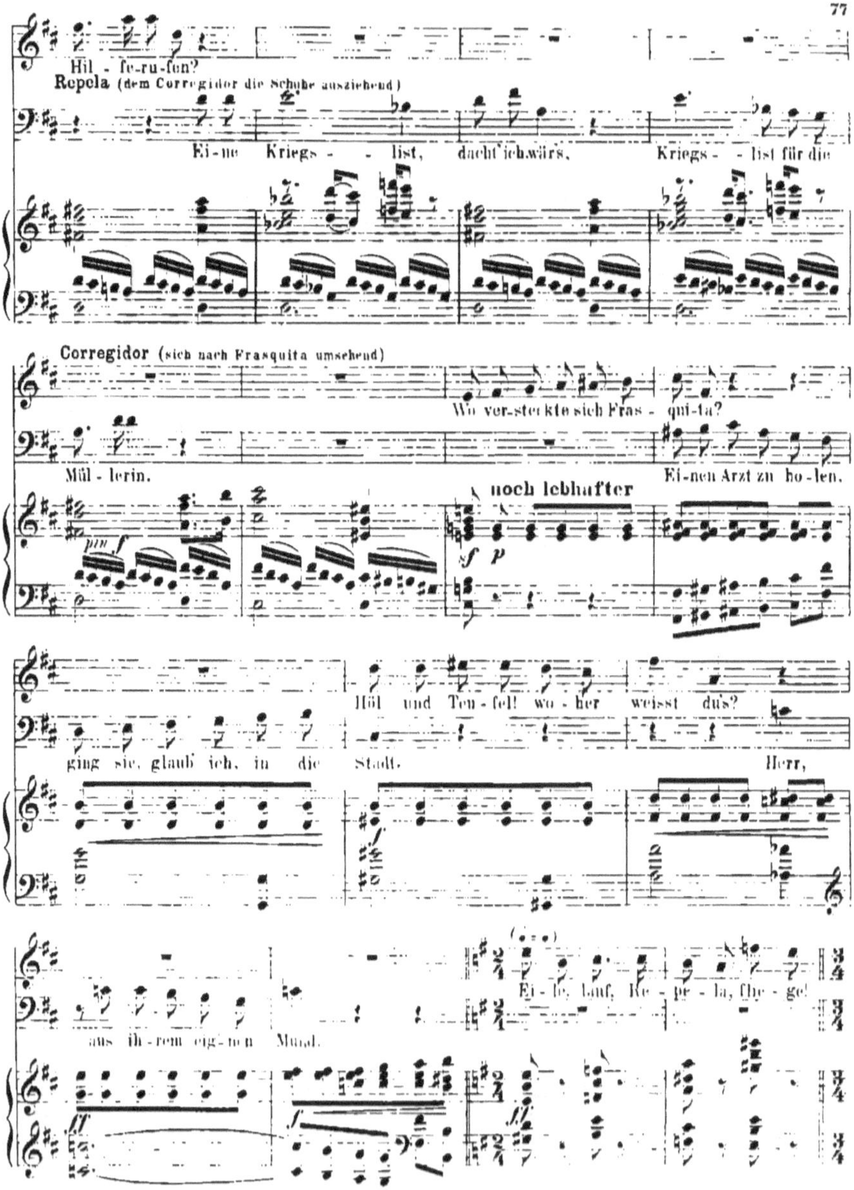
Hil - fe-ru-fen?
Repela (dem Corregidor die Schuhe ausziehend)
Ei-ne Kriegs - list, dacht' ich wär's, Kriegs - list für die
Corregidor (sich nach Frasquita umsehend)
Mül - lerin.
Wo ver-steckte sich Fras - qui-ta?
Ei-nen Arzt zu ho-len.
noch lebhafter
ging sie, glaub' ich, in die Stadt.
Höl und Teu-fel! wo-her weisst du's?
Herr,
aus ih-rem eig-nen Mund.
Ei-le, lauf, Re - pe - la, flie - ge!

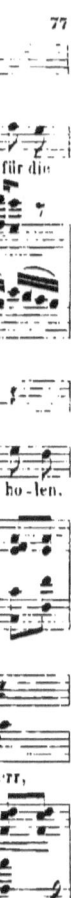

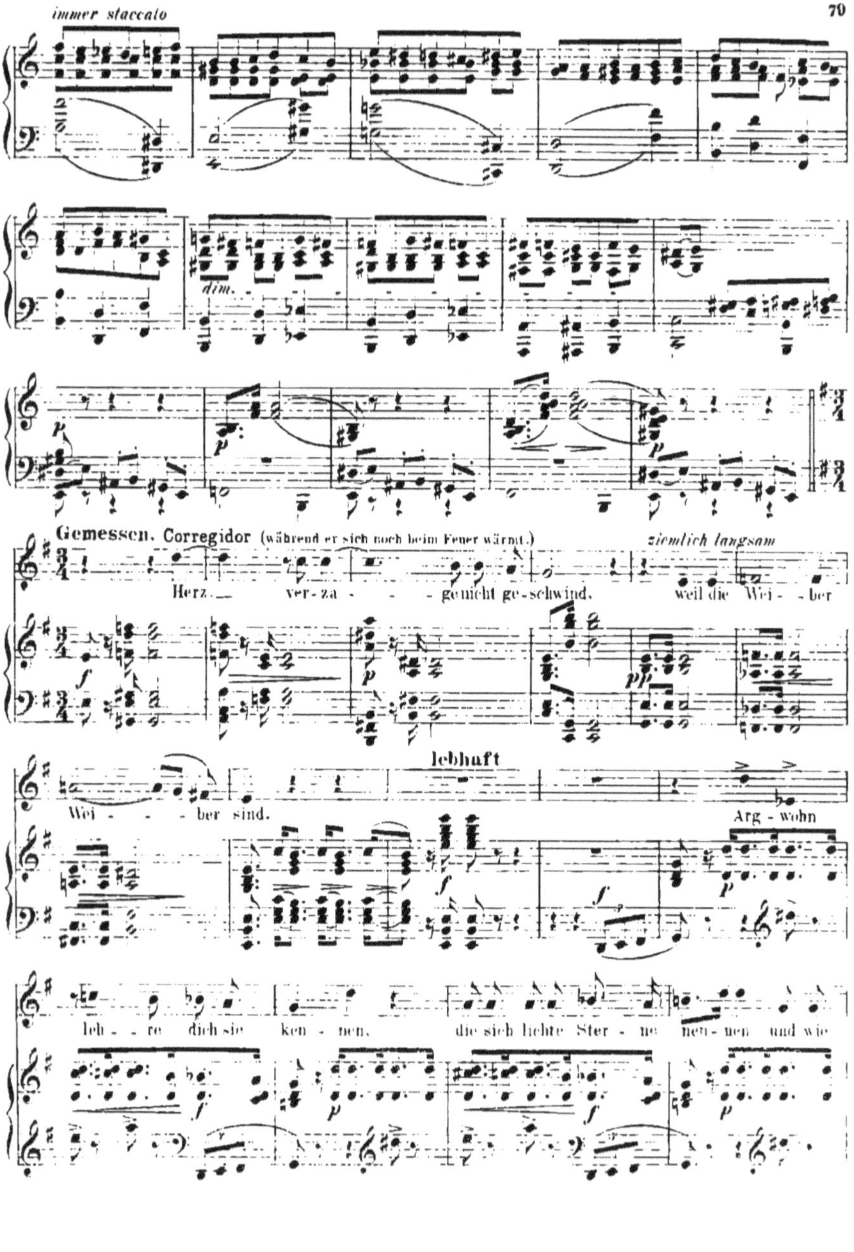
immer staccato
dim.
Gemessen. Corregidor (während er sich noch beim Feuer wärmt.)
ziemlich langsam
Herz_ ver-za - - - genicht ge-schwind, weil die Wei - ber
Wei - - ber sind.
lebhaft
Arg - wohn
leh - re dich sie ken - nen, die sich lichte Ster - ne nen-nen und wie

Sehr lebhaft.      Zwischenspiel.

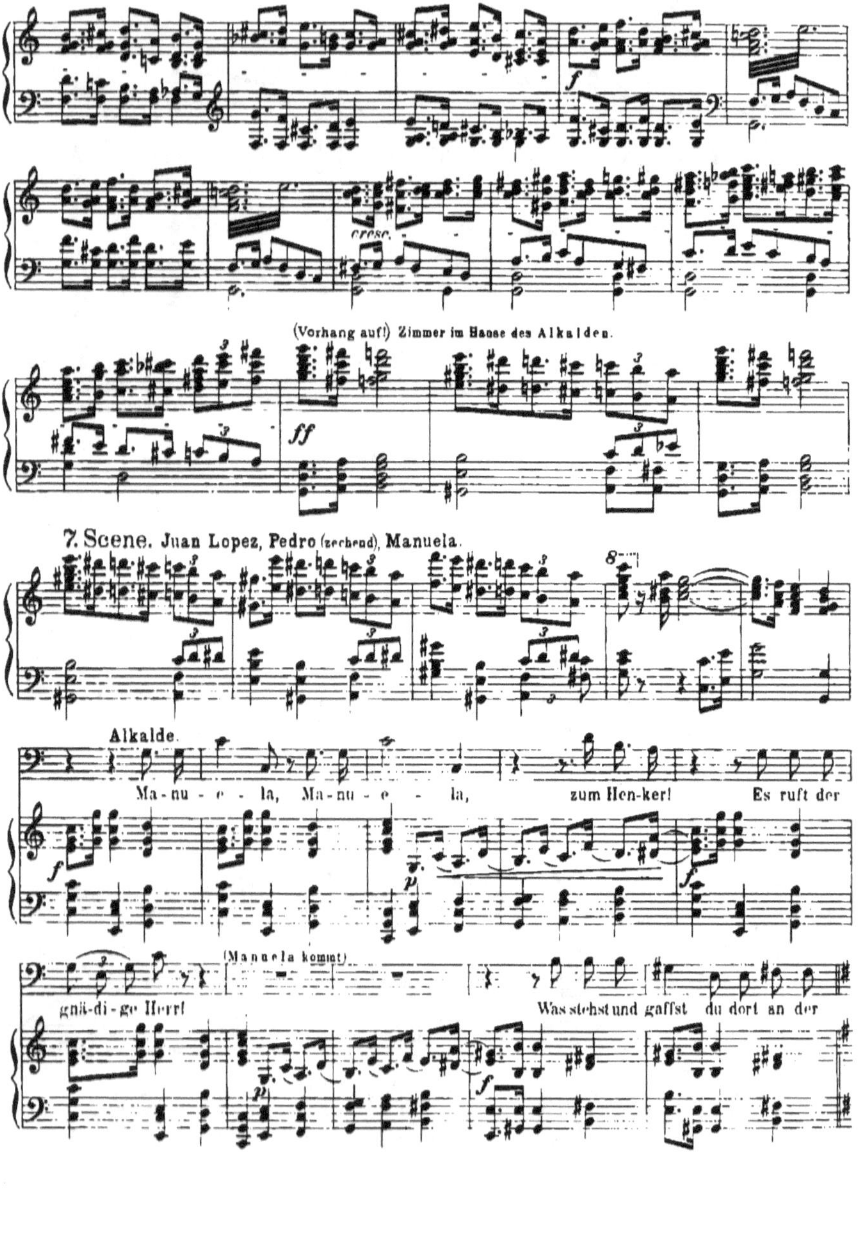
cresc.
(Vorhang auf!) Zimmer im Hause des Alkalden.
ff
7. Scene. Juan Lopez, Pedro (zechend), Manuela.
Alkalde.
Ma-nu-e-la, Ma-nu-e-la, zum Hen-ker! Es ruft der
f
p
gnä-di-ge Herr!
(Manuela kommt)
Was stehst und gaffst du dort an der

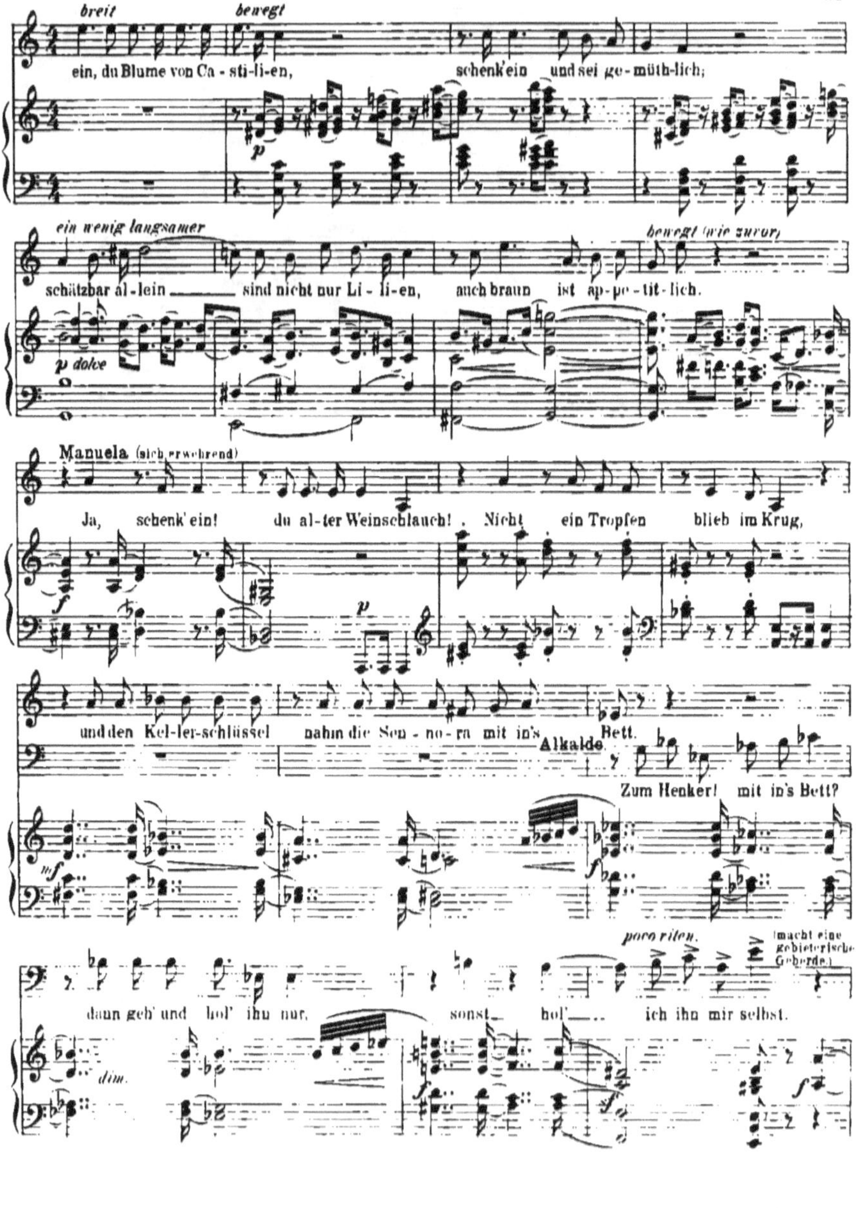
breit
bewegt
ein, du Blume von Ca - sti-li-en,
schenk'ein und sei ge-müth-lich;
p
ein wenig langsamer
bewegt (wie zuvor)
schätzbar al-lein sind nicht nur Li-li-en,
auch braun ist ap-pe-tit-lich.
p dolce
Manuela (sich erwehrend)
Ja, schenk' ein! du al-ter Weinschlauch! Nicht ein Tropfen blieb im Krug,
f
p
und den Kel-ler-schlüssel nahm die Sen - no-ra mit in's Bett.
Alkalde
Zum Henker! mit in's Bett?
mf
f
poco riten.
(macht eine gebieterische Geberde.)
dann geb' und hol' ihn nur, sonst hol' ich ihn mir selbst.
dim.
f
f

## 8. Scene. Die Vorigen. Lukas und Tonuelo.

Ende des zweiten Aufzuges.

# Dritter Aufzug.

Mässig bewegt.
pp

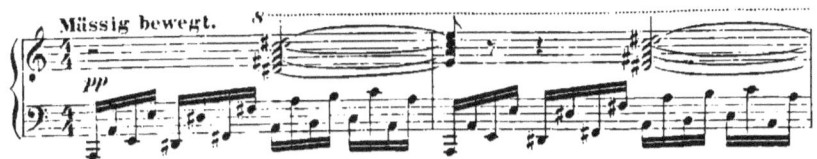

## 1. Scene.

Hügelland. Ein Weg im Hintergrund oben und ein Weg im Vordergrund unten, durch einen Pfad verbunden. Nacht. Bewölkter Himmel mit manchmal durchbrechenden Mondschein.

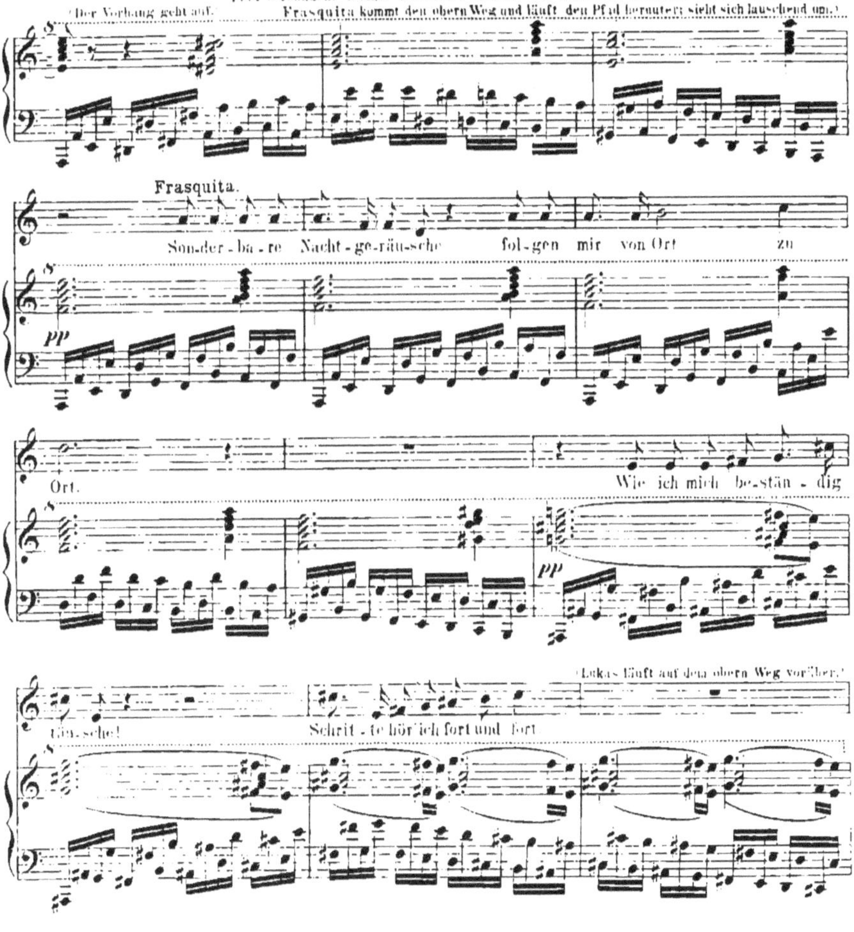
(Der Vorhang geht auf.
Frasquita kommt den obern Weg und läuft den Pfad herunter; sieht sich lauschend um.)
Frasquita.
Son-der-ba-re Nacht-ge-räu-sche fol-gen mir von Ort zu Ort.
pp
Wie ich mich be-stän-dig täu-sche!
pp
Schrit-te hör' ich fort und fort.
(Lukas läuft auf dem obern Weg vorüber.)

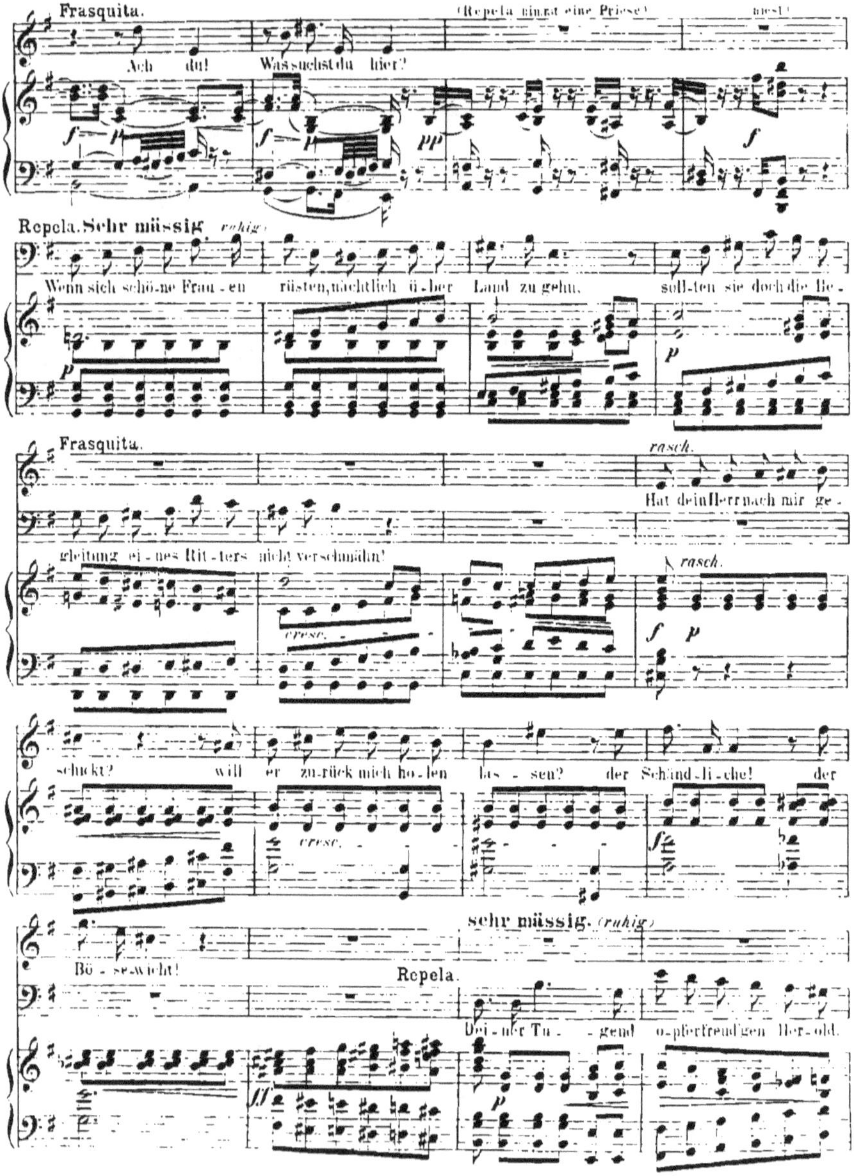
Frasquita.
(Repela nimmt eine Priese)
niest!)
Ach du! Was suchst du hier?
f
pp
Repela. Sehr mässig (ruhig)
Wenn sich schö-ne Frau-en rüsten, nächtlich ü-ber Land zu gehn, soll-ten sie doch die Be-
p
Frasquita.
gleitung ei-nes Rit-ters nicht verschmähn!
cresc.
rasch.
Hat dein Herr nach mir ge-
schickt? will er zu-rück mich ho-len las-sen? der Schänd-li-che! der
cresc.
Bö-se-wicht!
sehr mässig. (ruhig)
Repela.
Dei-ner Tu-gend o-pferfreud'gen Her-old.
ff
p

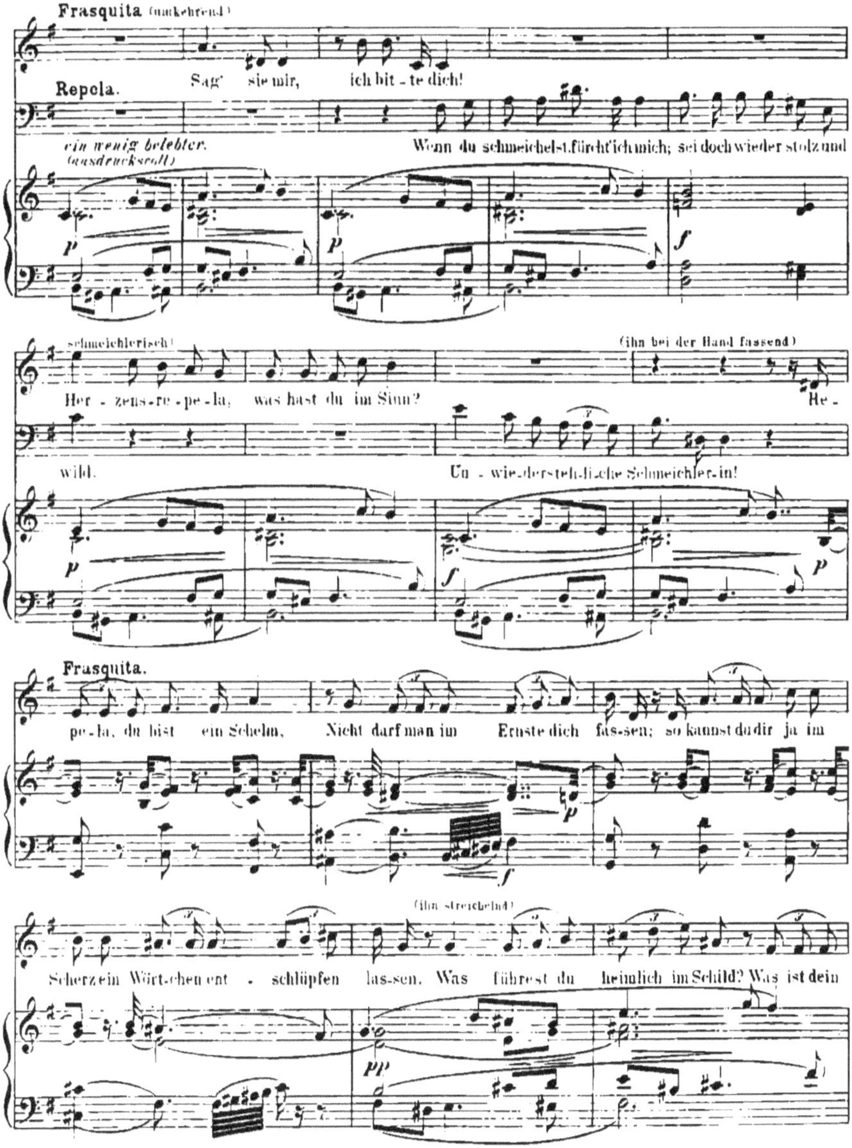
Frasquita (umkehrend)
Sag' sie mir, ich bit - te dich!
Repola.
Wenn du schmeichelst, fürcht' ich mich; sei doch wieder stolz und
ein wenig belebter.
(ausdrucksvoll)
schmeichlerisch)
Her - zens-re - pe - la, was hast du im Sinn?
(ihn bei der Hand fassend)
He -
wild.
Un - wie-dersteh-li-che Schmeichler-in!
Frasquita.
pe - la, du bist ein Schelm, Nicht darf man im Ernste dich fas-sen; so kannst du dir ja im
(ihn streichelnd)
Scherz ein Wört-chen ent - schlüpfen las-sen. Was führest du heimlich im Schild? Was ist dein

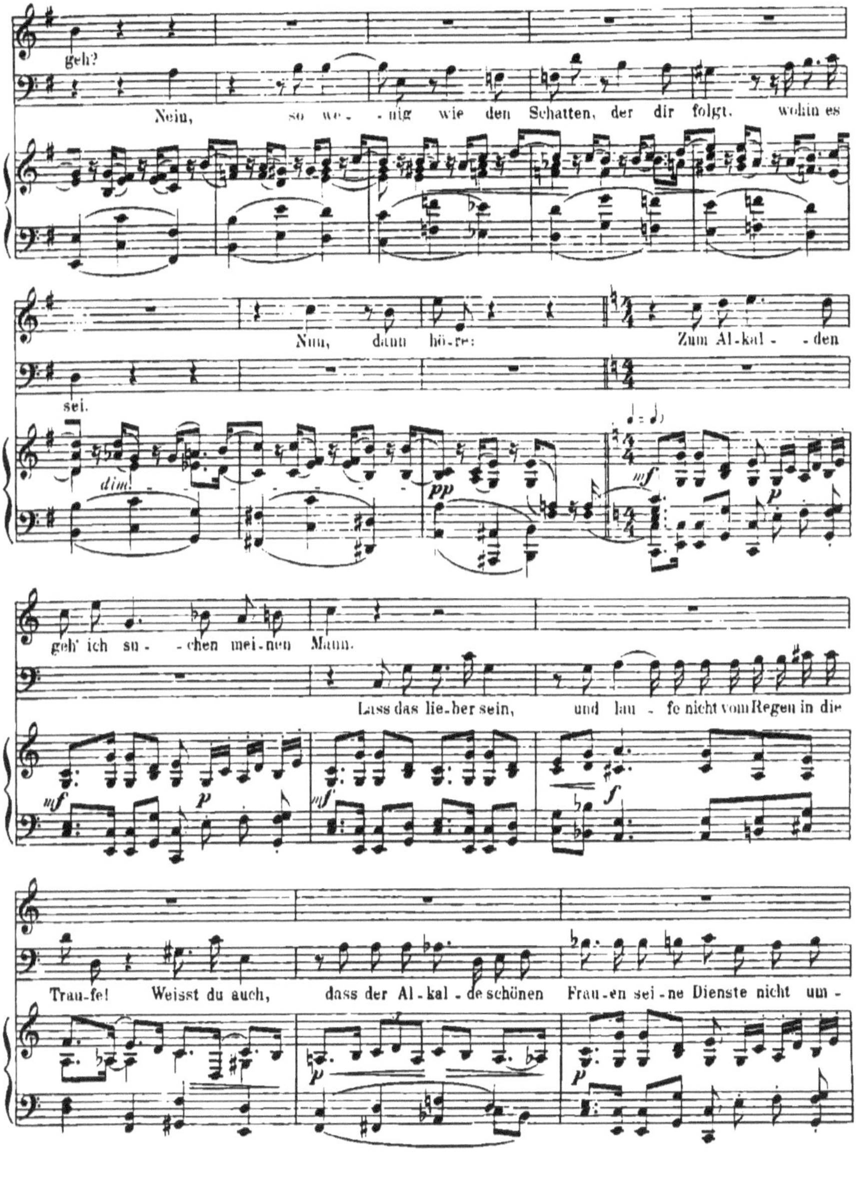
geh?
Nein, so we-nig wie den Schatten, der dir folgt, wohin es
sei.
Nun, dann hö-re: Zum Al-kal-den
dim.
pp
mf
p
geh' ich su-chen mei-nen Mann.
Lass das lie-ber sein, und lau-fe nicht vom Regen in die
mf
p
mf
f
Trau-fe! Weisst du auch, dass der Al-kal-de schönen Frau-en sei-ne Dienste nicht um-
p
p

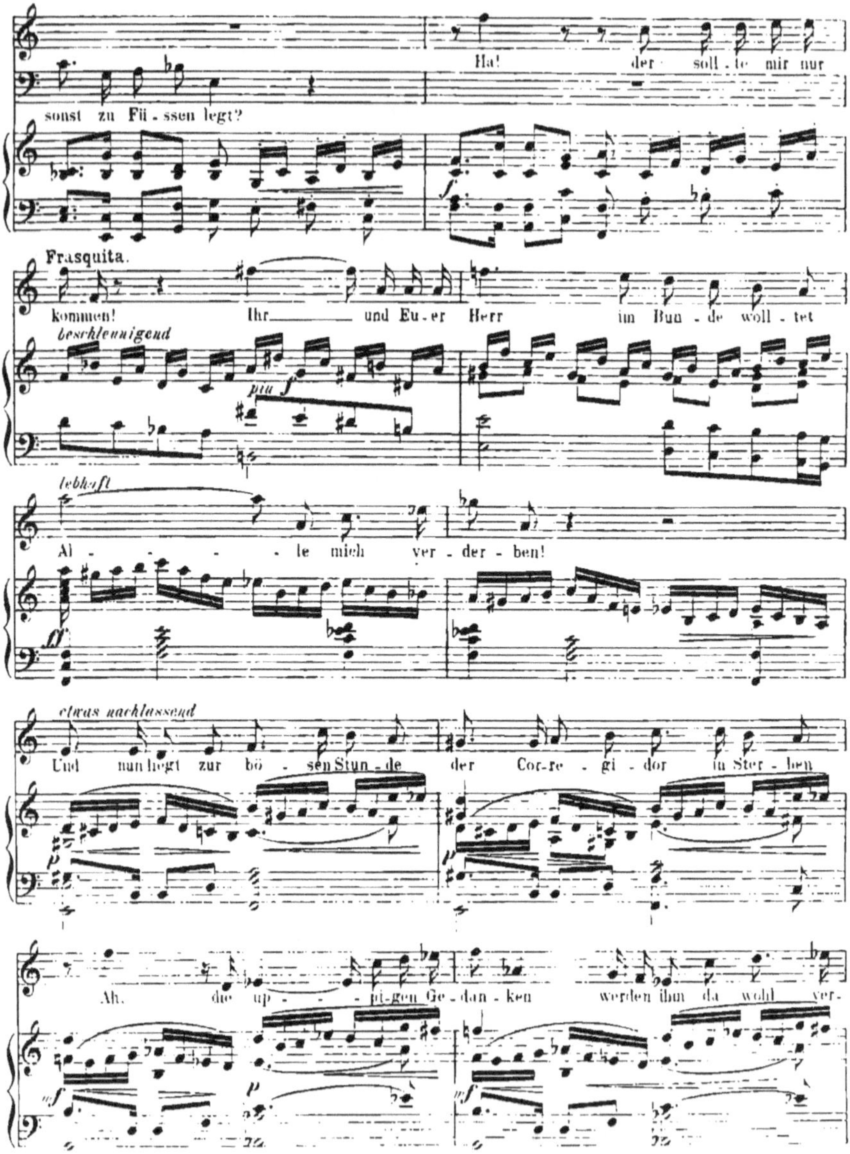
Ha! der soll - te mir nur
sonst zu Fü - ssen legt?
Frasquita.
kommen! Ihr und Eu - er Herr im Bun - de wollt - tet
beschleunigend
più f
lebhaft
Al - - - le mich ver - der - ben!
etwas nachlassend
Und nun liegt zur bö - sen Stun - de der Cor - re - gi - dor in Ster - ben
Ah, die üp - pi - gen Ge - dan - ken werden ihm da wohl ver -

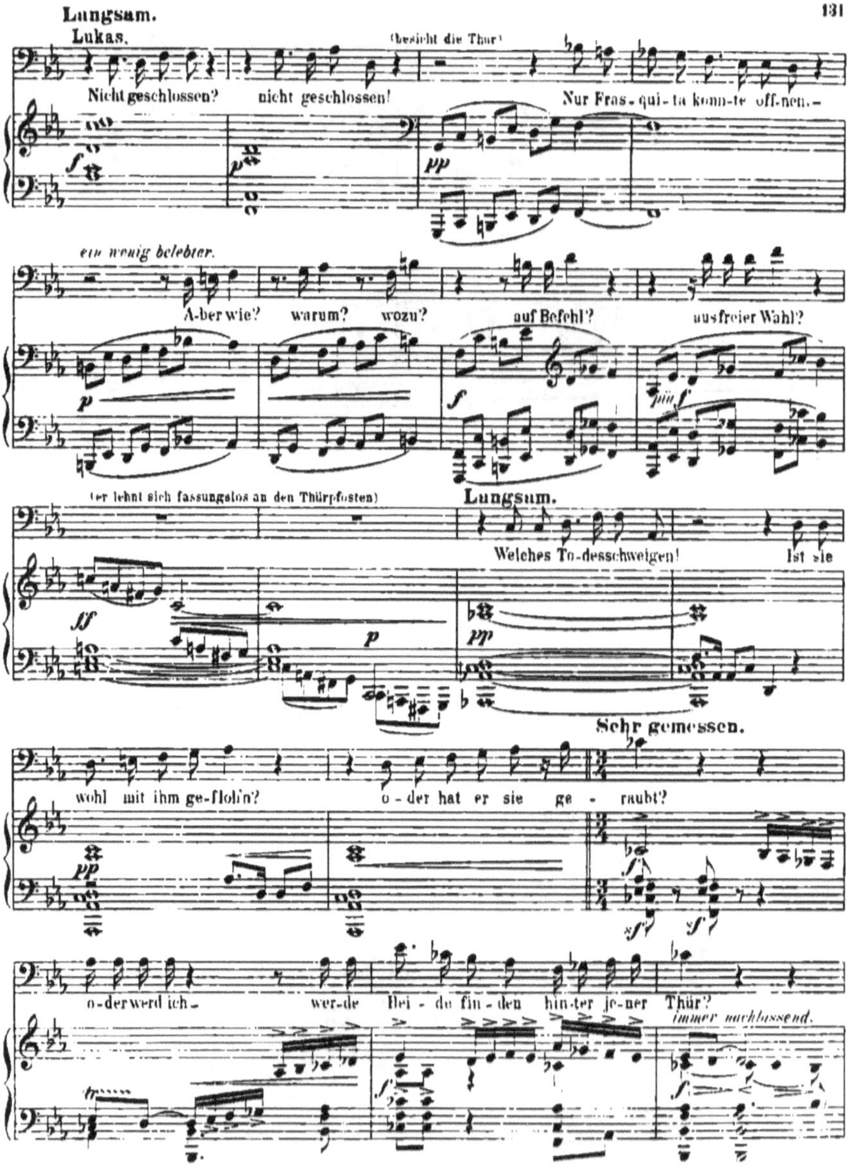
Langsam.
Lukas.
(besieht die Thür)
Nicht geschlossen? nicht geschlossen! Nur Fras-qui-ta konn-te öff-nen.-
pp
ein wenig belebter.
A-ber wie? warum? wozu? auf Befehl? aus freier Wahl?
p
più f
(er lehnt sich fassungslos an den Thürpfosten)
Langsam.
Welches To-desschweigen! Ist sie
ff
p
pp
wohl mit ihm ge-floh'n? o-der hat er sie ge-raubt?
Sehr gemessen.
o-der werd ich- wer-de Bei-de fin-den hin-ter je-ner Thür?
immer nachlassend.

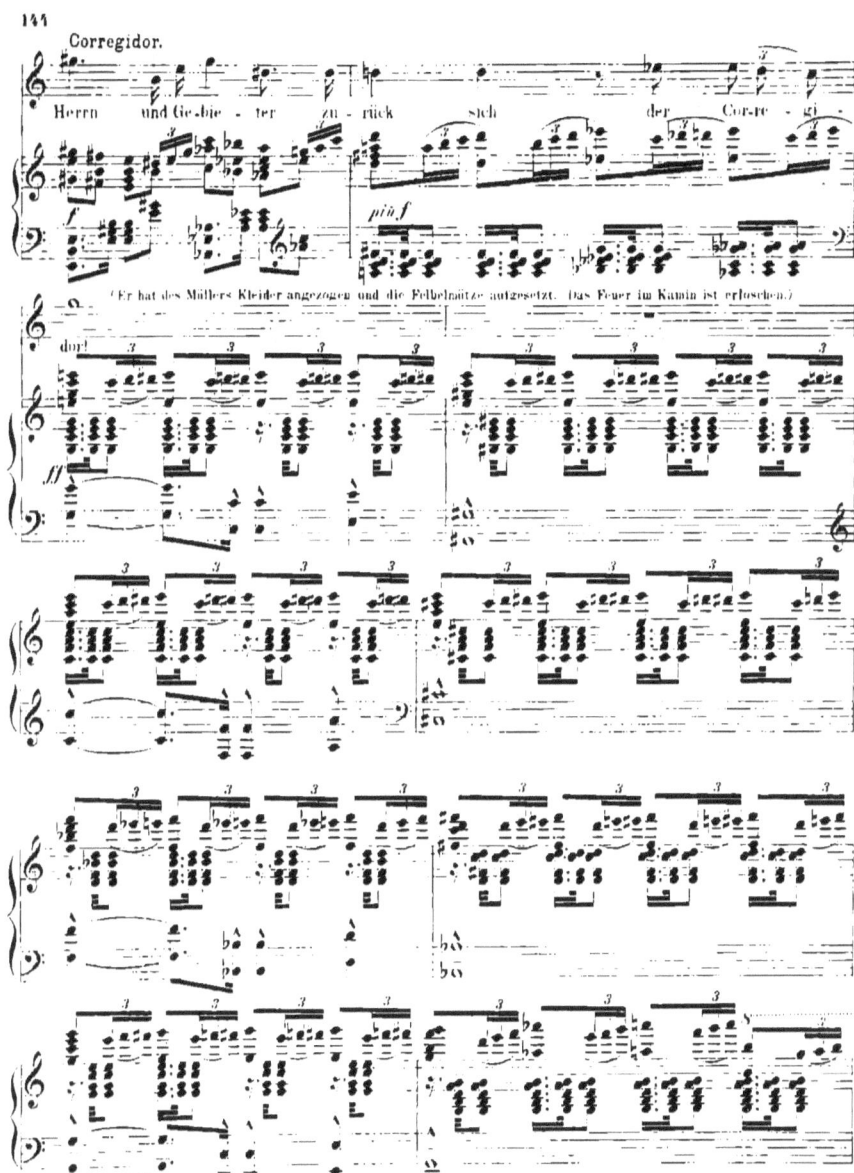

6. Scene. Der Vorige, Frasquita. Repela. Juan Lopez. Tonuelo.

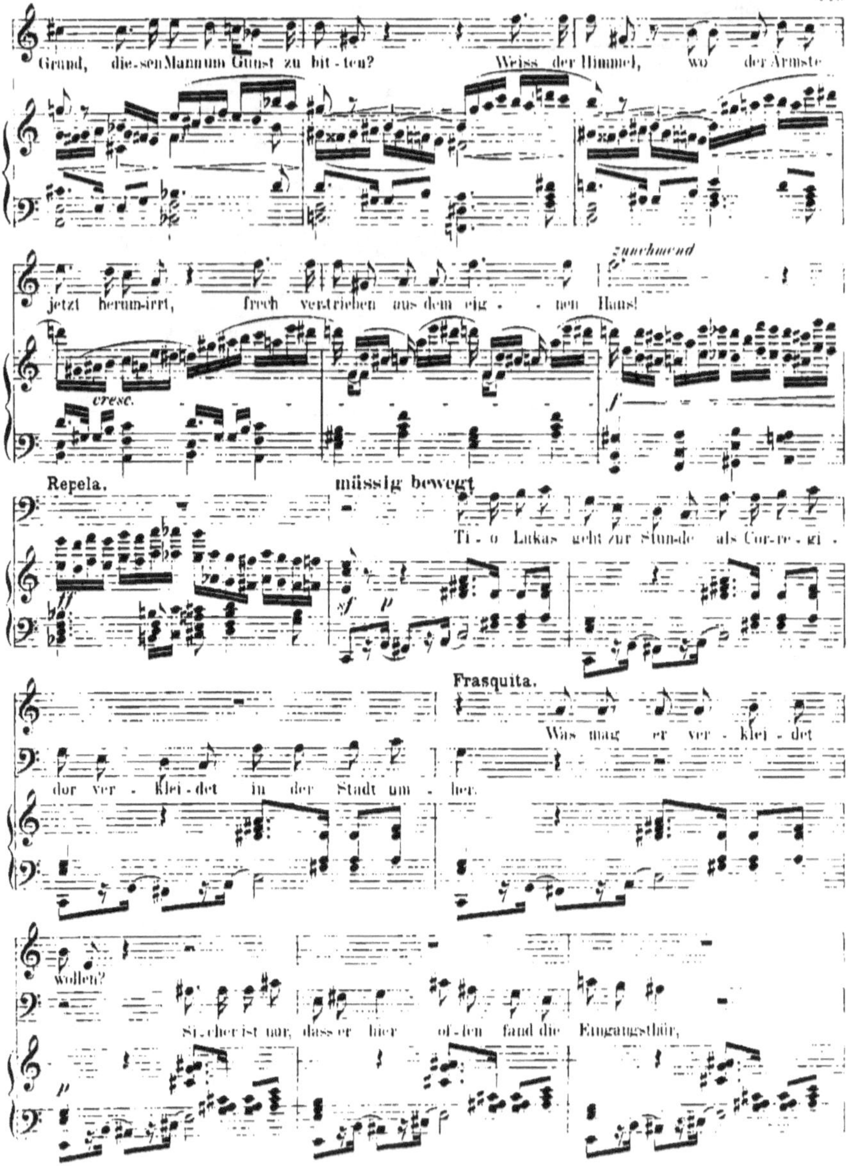
Grand, die-sen Mann um Gunst zu bit-ten? Weiss der Himmel, wo der Ärmste
zunehmend
jetzt herum-irrt, frech ver-trieben aus dem eig - - nen Haus!
cresc.
f
Repela.
mässig bewegt
Ti - o Lukas geht zur Stun-de als Cor-re-gi -
sf
p
Frasquita.
Was mag er ver - klei - det
dor ver - klei-det in der Stadt um - her.
wollen?
Si-cher ist nur, dass er hier of-fen fand die Eingangsthür,
p

**Tonuelo.**
Eu - er Gna - den un - ter - thä - nigst bit - ten wir uns zu ver-trau'n;

**Alkalde.**
Eu - er Gna - den un - ter - thä - nigst bit - ten wir uns zu ver-trau'n;

un - be - grenzt ist un-ser Ei - fer, Häu-ser dürft Ihr auf ihn bau'n.

un - be - grenzt ist un - ser Ei - fer, Häu-ser dürft Ihr auf ihn bau'n.

**Frasquita.**
Sol-che Plä - ne, ar - - mer Lu - kas, mach-te Rach-sucht in dir brau'n,

**Corregidor.**
Ü - ber dir soll nun der Him-mel mei-ner Gunst nicht län - ger blau'n,

**Repela.**
Tu-gend hab' ich nie be-zwei-felt, schmä-he nicht das Herz der Frau'n.

## Vierter Aufzug.
### Vorspiel.

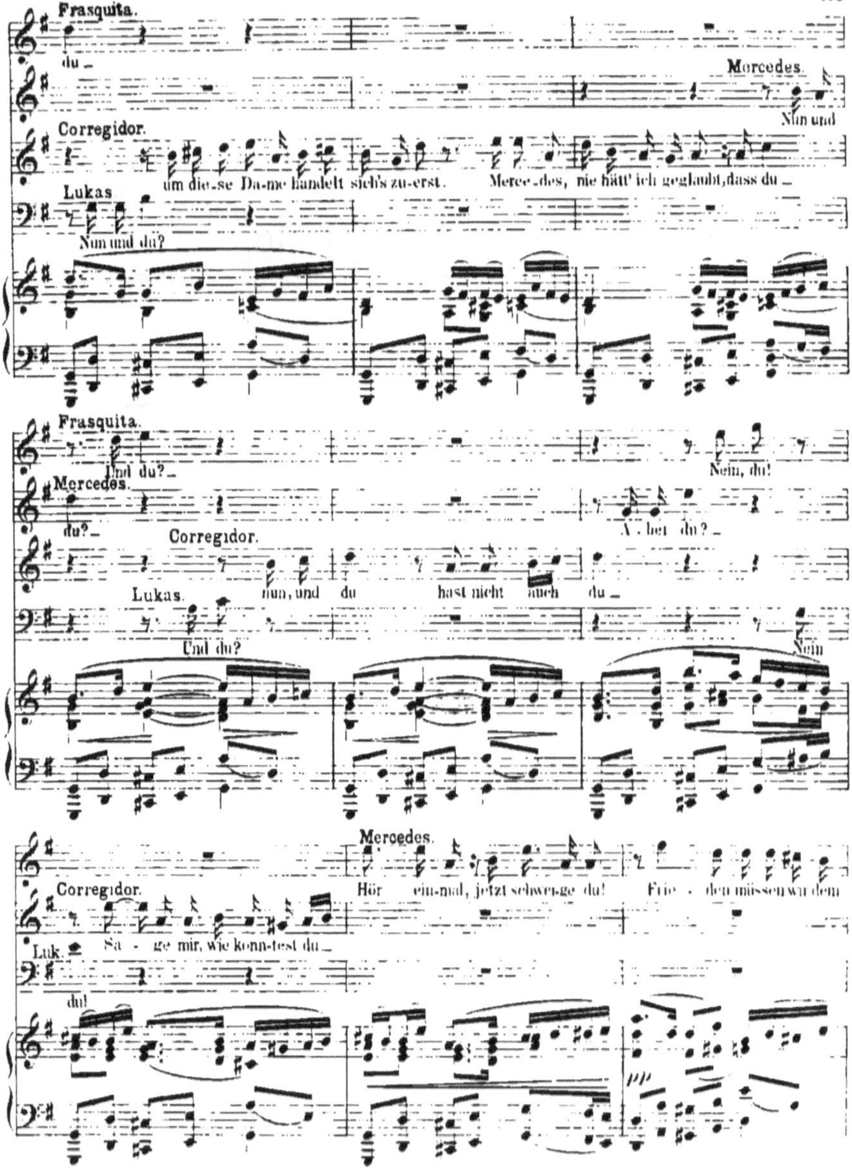

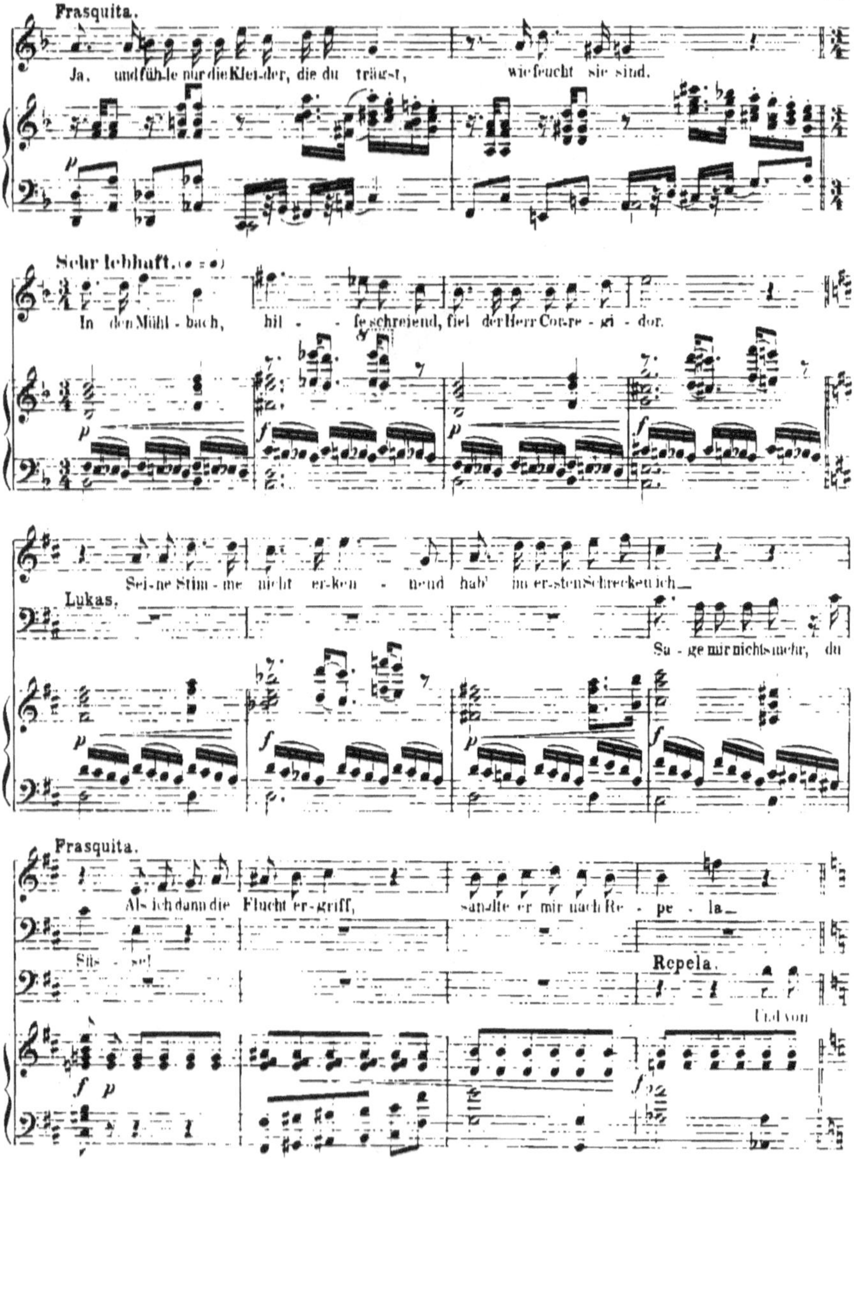
Frasquita.
Ja, und fühle nur die Klei-der, die du trägst, wie feucht sie sind.
Sehr lebhaft.
In den Mühl-bach, hil - - fe schreiend, fiel der Herr Cor-re-gi-dor.
Sei-ne Stim-me nicht er-ken - nend hab' im ersten Schrecken ich
Lukas.
Sa-ge mir nichts mehr, du
Frasquita.
Als ich dann die Flucht er-griff, sandte er mir nach Re-pe-la
Sü- - se!
Repela.
Und von

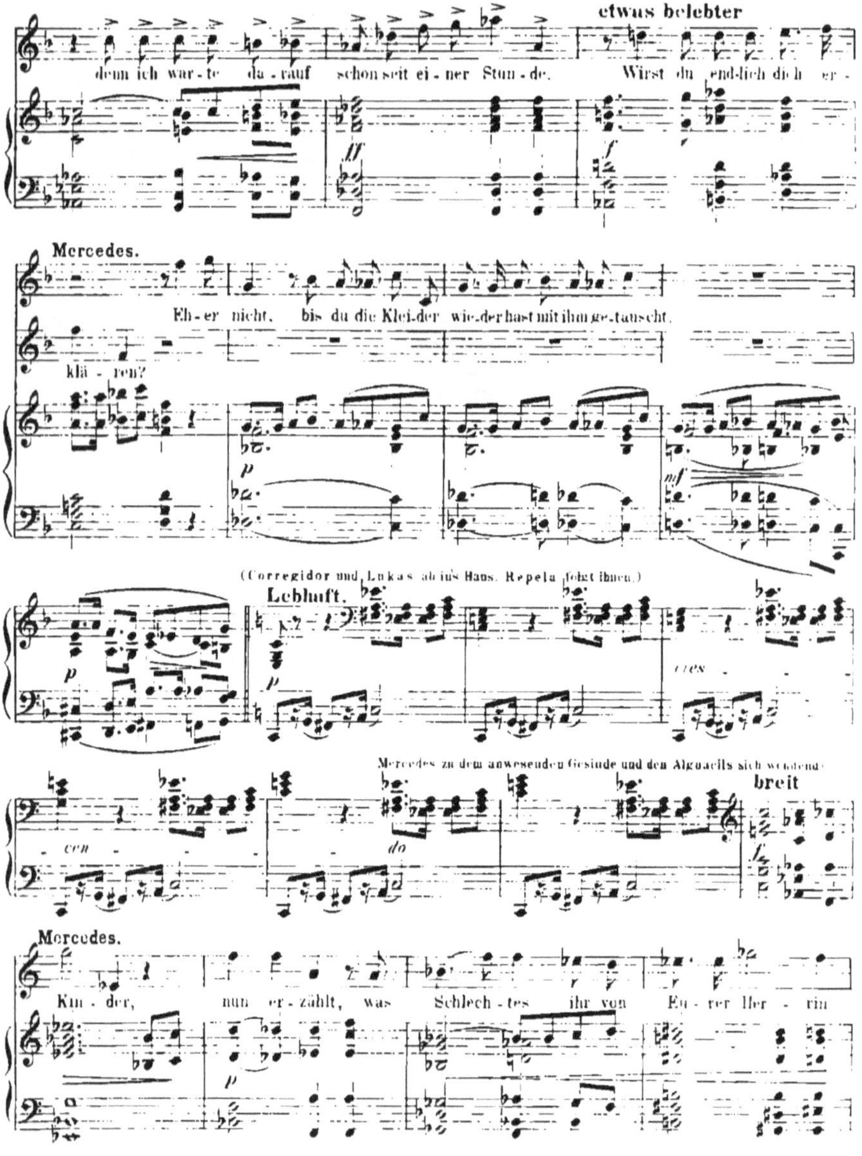
etwas belebter
denn ich war-te da-rauf schon seit ei-ner Stun-de. Wirst du end-lich dich er-
Mercedes.
Eh-er nicht, bis du die Klei-der wie-der hast mit ihm ge-tauscht.
klä-ren?
(Corregidor und Lukas ab in's Haus. Repela folgt ihnen.)
Lebhaft.
cres - cen - do
Mercedes zu dem anwesenden Gesinde und den Alguacils sich wendend
breit
Mercedes.
Kin-der, nun er-zählt, was Schlech-tes ihr von Eu-rer Her-rin

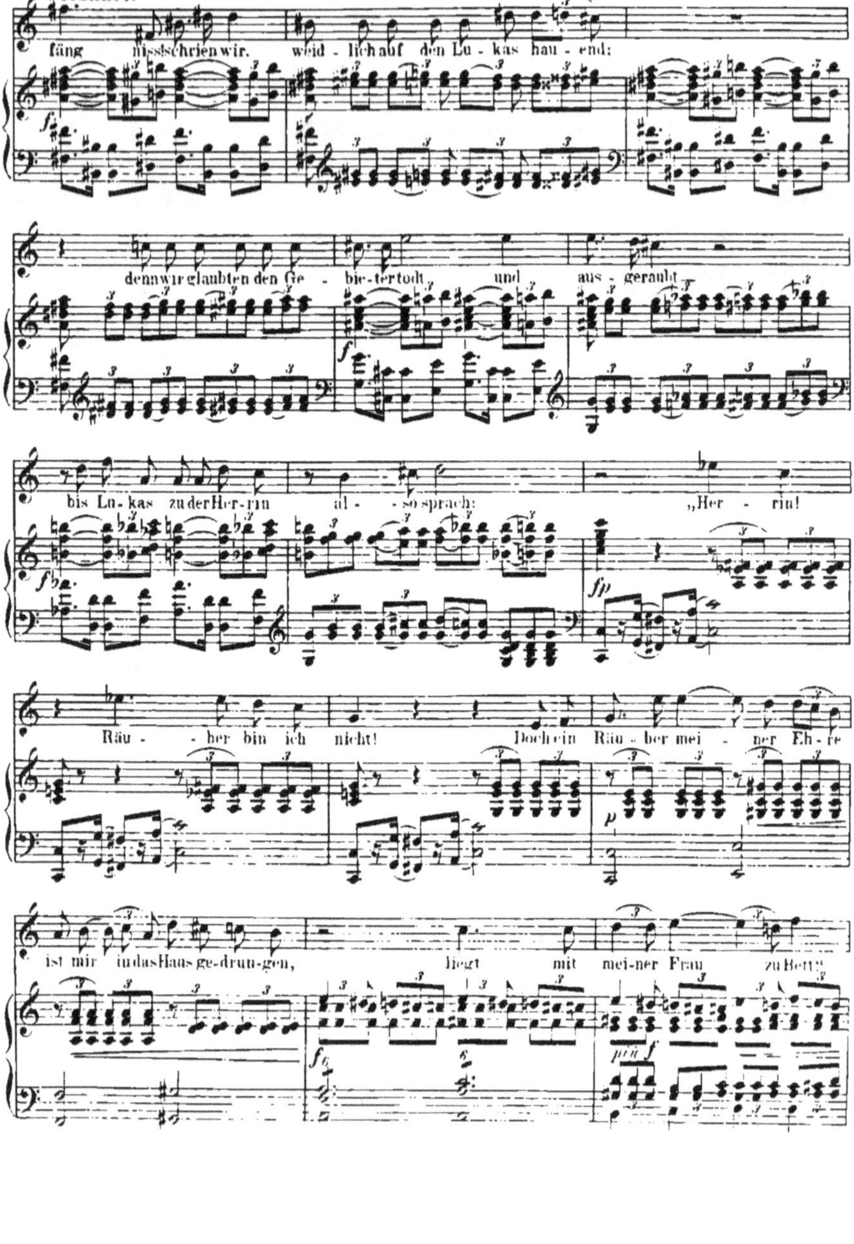
lebhaft.
fäng nissschrien wir, weid - lich auf den Lu - kas hau - end:
denn wir glaubten den Ge - bie - ter todt, und aus - geraubt,
bis Lu - kas zu der Her - rin al - so sprach: „Her - rin!
Räu - ber bin ich nicht! Doch ein Räu - ber mei - ner Eh - re
ist mir in das Haus ge - drun - gen, liegt mit mei - ner Frau zu Bett!“

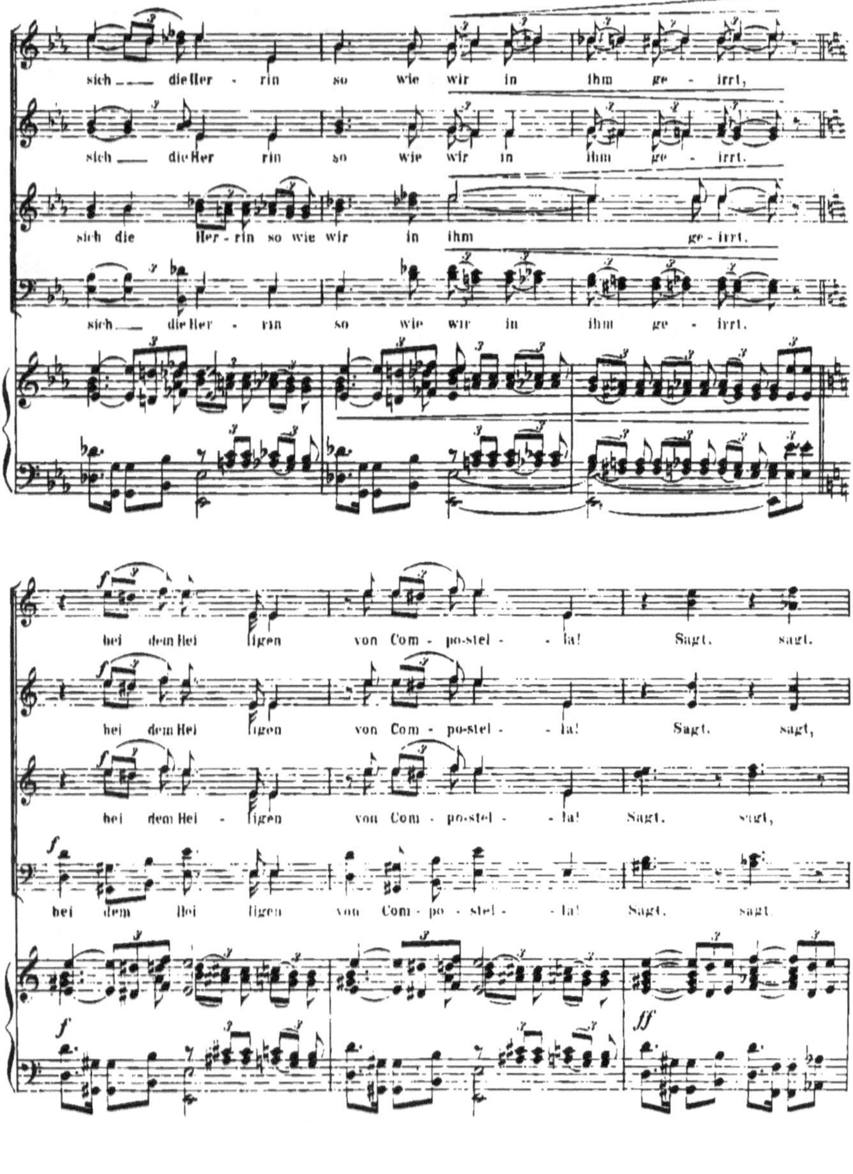
sich — die Her - rin so wie wir in ihm ge - irrt,
sich — die Her rin so wie wir in ihm ge - irrt.
sich die Her - rin so wie wir in ihm ge - irrt,
sich — die Her - rin so wie wir in ihm ge - irrt,
f
bei dem Hei ligen von Com - po-stel - - la! Sagt, sagt,
bei dem Hei ligen von Com - po-stel - - la! Sagt, sagt,
bei dem Hei - ligen von Com - po-stel - - la! Sagt, sagt,
bei dem Hei ligen von Com - po - stel - - la! Sagt, sagt.
ff

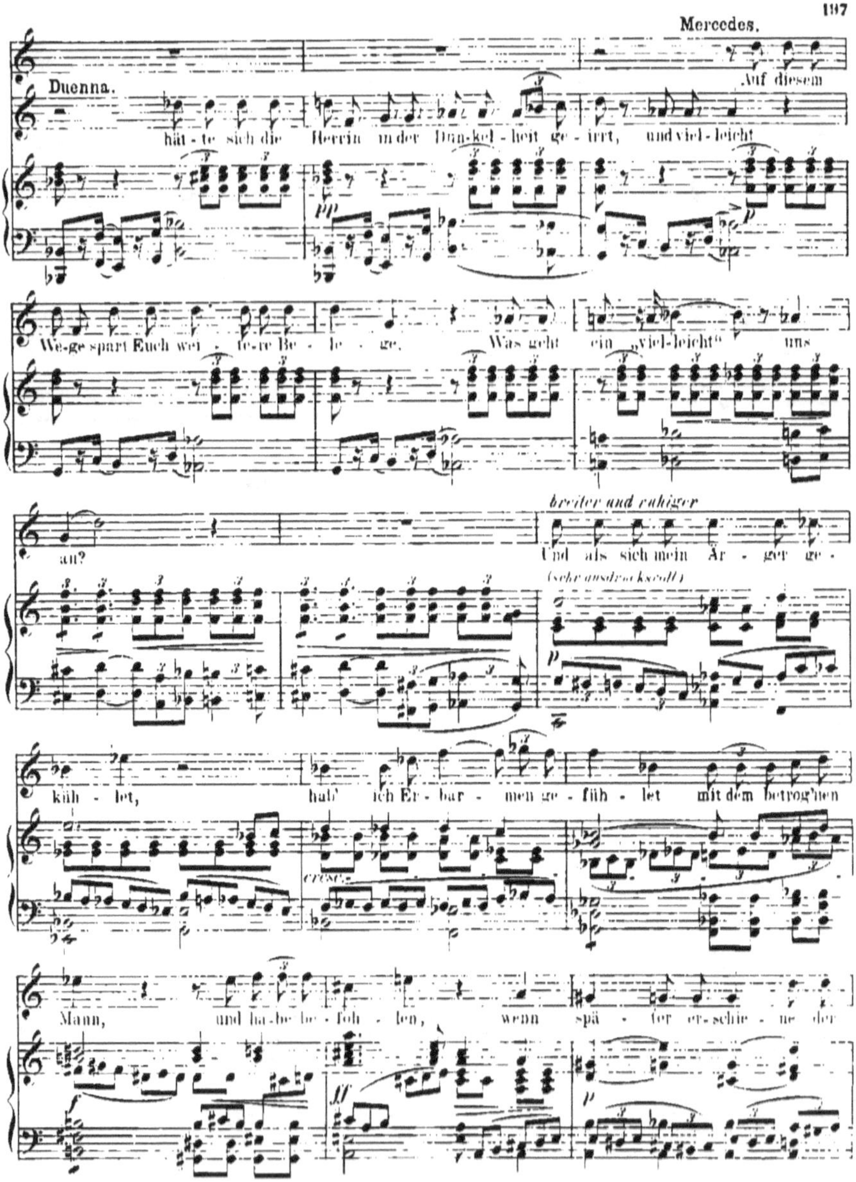
Mercedes.
Auf diesem
Duenna.
hät-te sich die Herrin in der Dun-kel-heit ge-irrt, und viel-leicht
pp
p
We-ge spart Euch wei-te-re Be-le-ge.
Was geht ein „viel-leicht" uns
an?
breiter und ruhiger
Und als sich mein Är-ger ge-
(sehr ausdrucksvoll)
p
küh-let,
hab' ich Er-bar-men ge-füh-let mit dem betrog'nen
cresc.
Mann, und ha-be be-foh-len, wenn spä-ter er-schie-ne der
ff
p

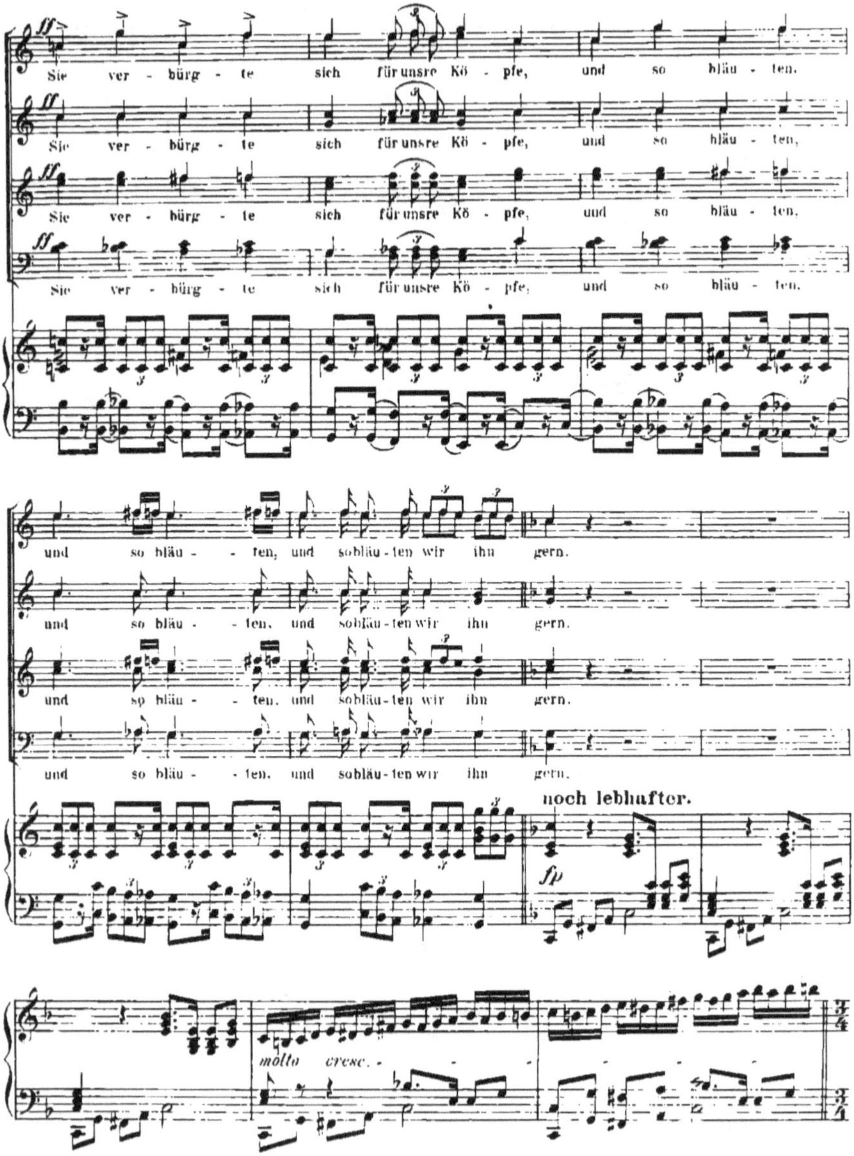
Sie ver - bürg - te sich für unsre Kö - pfe, und so bläu - ten.
Sie ver - bürg - te sich für unsre Kö - pfe, und so bläu - ten,
Sie ver - bürg - te sich für unsre Kö - pfe, und so bläu - ten,
Sie ver - bürg - te sich für unsre Kö - pfe, und so bläu - ten.
und so bläu - - ten, und so bläu - ten wir ihn gern.
und so bläu - - ten, und so bläu - ten wir ihn gern.
und so bläu - - ten, und so bläu - ten wir ihn gern.
und so bläu - - ten, und so bläu - ten wir ihn gern.
noch lebhafter.
molto cresc.